Lucia Stradiotti

DINHEIRO e VIDA em EQUILÍBRIO

Lucia Stradiotti

DINHEIRO e VIDA em EQUILÍBRIO

COMO MELHORAR SUA RELAÇÃO COM O DINHEIRO E ASSUMIR O PROTAGONISMO DE UMA VIDA MAIS REALIZADA!

MATRIOSKA EDITORA

Publisher – Editorial: Luciana Félix
Publisher – Comercial: Patrícia Melo
Copidesque: Ana C. Moura
Preparação de texto: Raquel Benchimol
Revisão: Renata Cristina Ferreira e Equipe Matrioska Editora
Projeto gráfico: Flávio Soares e Marcelo Correia da Silva
Editoração: Marcelo Correia da Silva
Capa: Flávio Soares

Matrioska Editora
Atendimento e venda direta ao leitor:
www.matrioskaeditora.com.br
contato@matrioskaeditora.com.br
facebook.com/matrioskaeditora
instagram.com/matrioskaeditora

Dados Internacionais de Catalogação na Publicação (CIP)
(Câmara Brasileira do Livro, SP, Brasil)

Stradiotti, Lúcia
Dinheiro e vida em equilíbrio / Lúcia Stradiotti. -- São Paulo, SP : Matrioska Editora, 2022.

Bibliografia.
ISBN 978-65-86985-66-5

1. Consumo (Economia) 2. Economia doméstica 3. Educação financeira 4. Finanças pessoais I. Título.

22-114281 CDD-332.6

Índices para catálogo sistemático:

1. Educação financeira : Economia 332.6

Eliete Marques da Silva - Bibliotecária - CRB-8/9380

Impresso no Brasil
2022

Dedicatória

Aos meus pais, por serem meu ponto de partida, meu chão e meu norte.

À minha família (de sangue e de alma) que sempre está comigo, em cada etapa do caminho.

A minha irmã e meu marido, por serem os melhores companheiros dessa jornada louca e linda que é a vida.

E aos meus filhos, por serem meu combustível.

Apresentação

Eis que um dia ela me chamou pelo privado toda tímida apresentando o seu trabalho. Algo me chamou a atenção e fui fisgada, foi amor à primeira vista. Comecei a ser atendida pela mentora financeira e aos poucos ia se confirmando minha intuição de que estava diante de uma daquelas pessoas de coração enorme, que felizmente tinha aceitado o chamado interno de se alinhar com o seu propósito de vida. Ganhamos todos quando alguém como a Lúcia toma atitudes assim.

Naquela época eu estava com a minha vida profissional cheia de desafios. Eu tinha acabado de tomar a decisão de abrir minha empresa no Brasil, porque meu trabalho como afiliada estava crescendo. Eu estava começando a crescer e a ter a estabilidade financeira que eu tanto almejava, mas havia um medo que me assombrava constantemente: a sensação de que eu nunca teria capacidade de manter o meu negócio sozinha, de que crescer era perigoso e arriscado, de que eu precisava estar o tempo controlando cada passo para não correr o risco de "ir à falência" a qualquer momento.

Por conta disso, eu não conseguia relaxar nunca, estava sempre trabalhando e com preocupações na cabeça. Achava que era normal ficar nesse estado e vivia encontrando desculpas para justificar meu estado de alerta contínuo. Uma delas era o fato de eu morar na Espanha e depender do câmbio. Por mais que fossem motivos palpáveis, foi com a mentoria da Lúcia que consegui identificar o quanto a minha história de vida fazia eu vibrar na escassez. Em casa, meus pais sempre tiveram dificuldade com grana. Dinheiro gerava estresse, preocupação, brigas e, mesmo em épocas de estabilidade, a mensagem passada era que "dinheiro na mão é vendaval", não podemos relaxar porque não sabemos o que pode acontecer lá na frente. Foi olhando pra isso que entendi porquê, mesmo em meses de boa performance, não conseguia me sentir tranquila. Com a Lúcia, pude identificar os medos e as crenças limitantes relacionadas a dinheiro que eu precisava ressignificar para confiar mais na minha capacidade de crescer.

E foi um bálsamo. Na minha vida financeira, a Lúcia foi um divisor de águas. Foi muito mais que organizar planilhas e estabelecer metas o que construímos juntas, foi um despertar de consciência que me possibilitou construir uma relação mais leve com a vida financeira.

Com a Lúcia, eu dei um salto na minha empresa e até hoje, cada vez que ultrapasso uma meta daquilo que desenhamos juntas anos atrás, faço questão de mandar uma mensagem a ela para celebrar e agradecer: "Lúcia, hoje é dia de comemorar, você tem mérito nisso! Obrigada por ter cruzado meu caminho". Hoje até dou risada porque estou bem próxima de atingir nossa meta mais ousada e já confio que posso muito mais.

Eu tive a sorte de a Lúcia ter me procurado e a verdade é que foi muito mais que um ganho financeiro. Eu tive sorte porque foi um encontro de almas, eu ganhei também uma amiga, alguém que admiro. Também fico nos bastidores acompanhando e celebrando suas conquistas e por isso me sinto honrada por poder escrever este texto para compartilhar com vocês o quanto ela já fez diferença na minha vida profissional e pessoal.

Apreciem cada palavra colocada aqui, tem muito amor envolvido neste livro e tenho certeza que ele vai tocar o coração e despertar a consciência de muitos de vocês.

Boa leitura!

Maíra Soares
(Mentora de Mães e Educadora Parental, criadora do Canto Maternar)

Prefácio

Aqui estamos nós, eu e você abrindo o livro "Dinheiro e Vida em Equilíbrio", da Lúcia Stradiotti. Espero que daí você tenha escolhido uma roupa confortável, mesmo que o dia não esteja tão liberado assim para uma leitura. Espero que daí você tenha ajustado as lentes do seu olhar e se preparado para expandir suas percepções. Não vamos terminar este livro sem que uma boa transformação aconteça em nós, saiba disso.

Desde que conheci a Lúcia Stradiotti, eu me encanto com sua presença que traz tanta harmonia. Conheci a Lúcia graças aos encontros que o mundo online promove, esses milagres. E tudo o que eu vi foi uma mulher capaz de cuidar da sua família, do seu negócio, da sua bagagem interna, e fazer tudo isso com um encantador semblante de tranquilidade e amor. Se você já teve a oportunidade de se entregar ao tom de voz manso e acolhedor da Lúcia enquanto nos conduz por suas explicações e partilhas, sabe do que eu estou falando.

Os anos se passaram e então, finalmente, eu e a Lúcia pudemos nos encontrar pessoalmente num escritório que tive durante os anos que morei em São Paulo. Ali eu só confirmei o que eu via de longe: uma Lúcia amorosa, com voz que tranquiliza, com semblante de quem está em harmonia – mesmo que o caos se faça.

Se há alguém que pode escrever um livro que carrega no título a expressão "equilíbrio", esse alguém é a Lúcia Stradiotti.

Há poucos meses tive a boa notícia de que este livro estava em processo de escrita. Uma composição que é fruto de um trabalho dedicado, de olhos atentos que se propõem a ver o dinheiro e as relações ao redor dele por ângulos muito verdadeiros. E se não bastasse de boas novas, recebo o convite para escrever este prefácio. Uma honra, minha querida Lúcia. É bom que todos nós que estamos aqui a abrir este livro possamos saber: é uma honra poder avançar por suas páginas.

Se você me lê em prefácio, quer dizer que está se preparando para iniciar a peregrinação pelos escritos que a Lúcia Stradiotti gentilmente se colocou a tecer e agora nos entrega. Esta leitura será capaz de levar você a lugares de muita paz, saiba disso. E muita sabedoria.

Estas páginas nos convidam a olhar para as finanças, a olhar para os nossos pensamentos, a olhar para as nossas relações, a olhar para o que somos, a olhar para a nossa história, a olhar para as nossas escolhas. Como eu disse, a Lúcia dedica seus olhos atentos a tudo o que tem a ver com o dinheiro com maestria. E tudo o que precisamos para adentrar por estas páginas é de olhos atentos. E um coração amoroso e em harmonia capaz de ver e, para além do ver, transformar.

Assim, completaremos a peregrinação pelos capítulos que nos aguardam e chegaremos à conclusão muito mais do que aprendendo sobre o dinheiro, mas nos sabendo ricas. Verdadeiramente ricas.

Vamos a esta maravilhosa leitura,

Paula Quintão

(Escritora e mentora de negócios e vida)

Sumário

A vida NÃO É SÓ trabalhar e ganhar dinheiro e pagar contas e fazer contas e perder o sono e se preocupar e fazer reserva e acompanhar os índices e se preocupar de novo e trabalhar mais.

A vida é TÃO MAIS!

Acontece que muitas vezes a gente deixa passar o que tem agora.
A gente deixa passar o sorriso do filho.
A gente deixa passar uma brincadeira.
A gente deixa passar um abraço.
A gente deixa passar um café.
A gente deixa passar uma conversa.
A gente deixa passar um dia. Dois. Três. Um ano!

A gente deixa passar tanta coisa preocupados em ter. Em fazer. Em sobreviver. E a gente esquece de ser. De agradecer. E de viver!

E muitas vezes aquilo que a gente busca tanto, luta tanto, se esforça tanto para conseguir, tá bem aqui, diante dos nossos olhos. Mas a gente tá ocupado demais e preocupado demais pra ver.

A gente quer guardar dinheiro pra ter um futuro tranquilo. Mas sacrifica a nossa tranquilidade hoje.

A gente quer acumular bens pra dar um futuro pros nossos filhos. Mas a gente faz isso estando cada vez mais ausentes, e pondo em risco a saúde emocional deles hoje.

Não falta prosperidade na sua vida: falta você sair do automático e reconhecer toda a prosperidade que você tem!

Porque não é dinheiro. É VIDA!

Lúcia Stradiotti

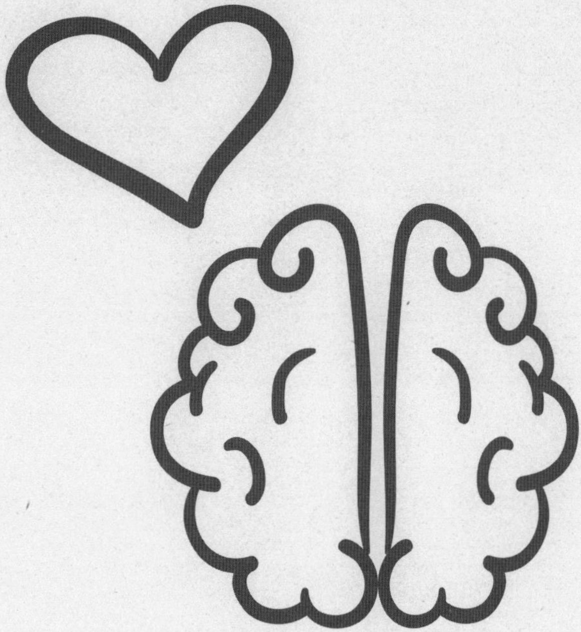

Introdução

Foi tipo 'amor à primeira vista'.

Foi assim que me senti quando li meu primeiro livro sobre finanças. Era como se um portal tivesse se aberto bem ali, na minha frente. Um portal que me mostrava um tantão de coisa que fazia muito sentido, mas que eu nunca tinha visto antes.

Mas se engana quem pensa que foi pelo dinheiro que me apaixonei. Engraçado que é exatamente isso que as pessoas pensam quando digo que eu sou educadora, mentora e terapeuta financeira. Elas acham que eu vou cuidar do dinheiro delas.

Na verdade, eu sempre fui apaixonada pelas pessoas. Pelas histórias. Pelos processos. Pelas relações. E quando eu li aquele primeiro livro de finanças, foi justamente essa ficha que me caiu: a da relação que os números tinham com a vida das pessoas! O quanto eram reflexo dos comportamentos que, por sua vez, são reflexo dos pensamentos, que são influenciados pela história. E ao mesmo tempo, o quanto os números impactavam também a vida dessas pessoas.

Não é pelo dinheiro que eu sou apaixonada.

Não é pela vida financeira.

É pelas pessoas!

E é por isso que eu sempre repito que meu trabalho é muito maior do que cuidar do dinheiro: é cuidar da vida!

Muito prazer:
Lúcia Stradiotti

Eu nunca fui boa em matemática. Aliás, essa foi a única matéria em que eu fiquei de recuperação na vida. Nunca falei sobre dinheiro com naturalidade, porque, na minha infância, pra muita gente (inclusive pra minha família), o dinheiro era tabu.

Apesar de ter pais bancários, não fui educada para gerir minha vida financeira. Ainda passa um filme na minha cabeça sempre que falo da importância de cuidarmos da nossa relação com o dinheiro. Eu lembro daquela menina assustada sempre que pensava no assunto. Eu lembro dos meus pais. Com um início difícil (sem rede de apoio, sem muito dinheiro e com muito trabalho), aos poucos foram preenchendo nossa casa. Foram pequenas conquistas ao longo de anos. Mas o medo sempre esteve presente. Ouvia muito que, se um dia as coisas mudassem, precisaria saber viver com menos. Fato: ninguém sabe o dia de amanhã! Mas o que soava como precaução na verdade eram crenças que vibravam no medo.

Na minha adolescência, quando tive minha primeira conta, eu usava o meu limite do cheque especial sem nem saber que daquele valor eram cobrados juros (isso porque sou filha de dois bancários!). E quase nunca na minha vida fui ao banco. Sempre tive medo de ser assaltada se fosse! Até hoje, resolvo o que posso por telefone ou pela internet.

E por muito tempo na minha vida eu tinha medo de faltar. As primeiras reservas de dinheiro que fiz, fiz pra que o dinheiro não acabasse. Totalmente conectada com a escassez e de maneira nada saudável!

Começo este livro contando isso a você para que saiba que:

- Eu não nasci nem cresci superamiga do dinheiro. Pelo contrário: essa boa relação com ele construí (e continuo construindo) no dia a dia. E se eu consigo, você também pode!

- Não fomos educados financeiramente. Nem eu, que sou filha de bancários. Nem você. Nem ninguém da nossa geração.

- Educação financeira não tem nada a ver com matemática. Nada. E sua saúde financeira vai muito além dos números.

- Medo de ser assaltada no banco é um dos muuuuitos medos que permeiam nossa relação com o dinheiro (vamos falar deles no decorrer deste livro). Eu tenho, você tem. Mas a boa notícia é que dá pra mudar! Quando reconhecemos que há um problema e um padrão a ser rompido, e buscamos ajuda; quando entendemos que não é só amenizar os sintomas e, sim, tratar a causa, a transformação é certa! É desafiador. Mas é também libertador!

Mas eu tive alguns estímulos para a mudança. O primeiro deles veio da minha família de origem. Apesar de não falarmos sobre dinheiro em casa, e de ter crescido com muitas dúvidas, eu tive exemplos maravilhosos: meus pais. Eles não sabiam sobre crenças, é verdade, e inclusive tinham muitas delas. Mas vê-los saírem do zero e irem, aos poucos, construindo tudo o que construíram, me ensinou muito sobre trabalho, organização e, principalmente, consciência.

Eu me lembro de, quando criança, observar de longe, e maravilhada, minha mãe sentada na mesa da cozinha depois do trabalho, rodeada de papéis e de uma calculadora, conferindo os canhotos de cheque e todas as movimentações da conta deles. Foi essa organização e a consciência sempre presente que me deram a base para que eu estivesse hoje onde estou.

Um outro grande estímulo para essa minha mudança de perspectiva foi o meu namorado na época – atual marido. Lembro-me como se fosse ontem do dia em que ele perguntou o que eu queria ser. Eu era uma adolescente, sonhadora, ansiosa com a faculdade e a futura profissão, a cabeça cheia de ideias e ideais. Disse que queria ser professora, porque queria mudar o mundo. E ele me respondeu: "o que eu vou fazer eu ainda não sei. Mas quero ser rico!".

Aquilo me chocou! Como alguém falava de riqueza com tanta naturalidade? Como alguém colocava a meta financeira antes do propósito de vida?

Foi aí que me dei conta de que ele não estava errado. E que a errada era eu, que não me sentia livre pra pensar assim. Não me sentia merecedora de riqueza. E não acreditava que meu propósito de vida pudesse caminhar com uma carreira bem remunerada.

Foram tantas coisas que aprendi com ele de lá para cá, mas essa, com certeza, foi uma das mais importantes. Ele era de uma família simples, de pais comerciantes, e já trabalhava naquela época. Sabia o valor do dinheiro. O valor do trabalho. Não tinha uma vida abastada, mas tinha uma mente abundante! E sonhava com mais!

Foi ele que me abriu os olhos pela primeira vez para a influência das crenças na nossa vida. Foi ele que me apresentou o primeiro livro de finanças que li. Foi ele que me mostrou que era possível realizar um sonho, mesmo não tendo dinheiro sobrando nem pra comer uma pizza!

Ele é uma das razões pelas quais hoje faço o que faço, e falo do que falo. Ele me mostrou uma nova forma de olhar para o dinheiro. Colocou o que eu já sabia em perspectiva e provou que foco, disciplina e determinação muitas vezes fazem "milagres"! Eu tinha mais condições financeiras que ele. Mas ele era infinitamente mais próspero e mais abundante do que eu.

Com o tempo, percebi que o caminho que me leva a uma vida próspera não tem atalhos. Cada etapa deve ser vivida e acolhida. Não é um caminho que só tem vitórias, não mesmo. Mas essa é a vida, cheia de nuances, vales e montanhas. Com o ritmo certo, a gente consegue ter fôlego para olhar ao redor e enxergar a beleza da jornada. E hoje meu propósito é justamente espalhar a mensagem do que encontrei em cada vale e por trás de cada montanha.

Hoje dedico minha vida a falar sobre nossa relação com o dinheiro.

Porque, quando falamos de dinheiro, não estamos falando dele de fato. Estamos falando de vida! E qual é a única maneira de melhorar –- de verdade! – a vida financeira de alguém? Respeitando e acolhendo essa vida antes de sair por aí propagando metas inatingíveis e dicas que não cabem numa vida real.

E quando penso nessa responsabilidade, acho muito importante deixar claro para você que eu não tenho todas as respostas. Não tenho uma fórmula mágica. E nem um passo a passo que leve você à riqueza (e se alguém algum dia lhe oferecer isso, duvide!). Mas tenho algumas certezas. De que:

- as nossas decisões são impactadas por nossas crenças e que, por mais que queiramos muito algo, o que o nosso inconsciente quer ou pensa pesa muito mais. E que é possível, sim, ressignificar essas crenças. Mas isso requer vontade, disponibilidade, abertura para o processo, e não é da noite para o dia.

- não importa o que lhe digam, o que você faz com seu dinheiro e onde o aplica nunca, nunca, nunca vai ser tão importante quanto o seu porquê.

- também não importa o que fizeram você acreditar ou o que a sociedade diz: seu saldo bancário não dita quem você é. Você é muito mais que qualquer resultado financeiro.

- não existe "cuidar da vida financeira". Existe cuidar da vida, por inteiro. Melhorar sua relação com o dinheiro vai muito além de consultoria financeira, planilhas e dicas práticas: é um mergulho profundo em você mesma. É um processo de autoconhecimento.

- a verdadeira riqueza da vida vai muito, muito, muito além dos números. E mais do que isso: é feita, principalmente, de pessoas, sensações, lembranças e momentos que dinheiro nenhum no mundo seria capaz de comprar!

Como é possível algumas pessoas ainda acharem que estamos falando puramente de cálculos matemáticos e de fórmulas financeiras? Quando você olha seu saldo bancário, você não vê um número. Você vê preocupação, ansiedade, angústia. Ou você pode ver algo que representa sua determinação, seu foco, sua disciplina e um passo a mais em direção ao seu sonho. Seja como for, você não vê um número.

Quando pensa na sua vida financeira, você se depara com a sua criação, a sua história, os seus medos, as suas crenças (esteja tudo bem resolvido, ou não). E não com números.

É por isso que, para traçar um planejamento, precificar é uma das etapas, mas é só uma delas (e nem de longe a mais importante). É por isso que, para investir, o porquê é mais importante do que o quanto, como e em quê. É por isso que, para melhorar seus resultados financeiros, fazer contas e planilha não basta: você precisa cuidar de você!

É como eu sempre digo: dinheiro é uma ciência **humana** (muito mais do que exata!). E eu não só falo isso. Eu acredito nisso. Vivo isso. E me realizo levando essa mensagem todos os dias a mais e mais pessoas (seres **humanos**!), para que tenham uma vida próspera e feliz por meio do bom relacionamento com o dinheiro! Porque não é sobre dinheiro: é sobre **vida**!

Meu propósito, meu trabalho e este livro

Antes de começar de fato, quero contar um pouquinho sobre mim, por que hoje faço o que faço, por que hoje trabalho com o que trabalho. Ajudar mulheres a estabelecer uma melhor relação com o dinheiro é muito mais do que um trabalho. É o meu propósito de vida! Isso faz muito sentido para mim, porque já acompanhei muitas pessoas nesse processo e entendo o quanto a vida financeira impacta, na verdade, todas as outras áreas da vida. E também o quanto as outras áreas da vida acabam impactando nossos resultados financeiros. Então, como eu sempre digo: o dinheiro é só a porta de entrada para que a gente possa fazer um mergulho profundo em nós mesmas e para que a gente possa cuidar de tudo o que precisa ser cuidado.

E, a partir disso, ter não só uma vida financeira melhor, mas uma vida inteira mais próspera, mais tranquila, mais realizada e, lógico, mais feliz! Porque quando a gente tira da equação os nossos problemas, os nossos traumas, as nossas travas, tudo flui melhor, tudo fica mais leve e a gente consegue viver o presente com mais inteireza, com mais tranquilidade e com mais presença.

Comecei a estudar bastante sobre isso, então lia muito sobre finanças, fiz a minha pós em Psicologia e fui entendendo um pouco mais o quanto o relacionamento que cada pessoa estabelece com o dinheiro interfere diretamente no resultado.

Eu mesma tenho uma formação na área de humanas, sempre fui para esse lado humano e emocional. E é assim que eu enxergo também o dinheiro: uma ciência humana e como algo muito mais emocional do que racional e prático. Então, é claro que temos a porção racional do dinheiro, mas na minha concepção o dinheiro é muito mais mental, emocional e energético.

E é muito importante sabermos disso porque, quando falamos de melhorar a vida financeira, não é sobre fazer planilha, simplesmente controlar os gastos, ou até mesmo de consultoria ou alguém que fale para você algumas regras, aplicativos e ensine sobre investimentos – estamos falando de algo muito mais profundo e que de fato é mais transformador. É o olhar para a sua vida e, com base nessa observação, conseguir fazer todas as pontes e links necessários para que você possa seguir com mais fluidez.

Para isso, na primeira parte deste livro, vamos falar sobre **passado**. Não é possível cuidar do presente se não honramos o nosso passado e se não olharmos para o futuro. Quando você olha para o passado, entende qual é a sua história, quais foram os acontecimentos importantes e como é que eles o trouxeram até aqui, até o ponto em que está hoje. Com base nesse olhar, é possível entender então quais são as suas amarras emocionais, qual é o seu modelo mental, quais são as crenças que podem estar limitando você nesse momento – e, assim, você poderá decidir o que continuará na sua caminhada e o que é importante agradecer, soltar e deixar ir, tirando as amarras para seguir mais leve e mais livre rumo a um futuro mais próspero.

No momento de olhar para o **presente**, você aprenderá a organizar a situação, conseguindo realizar um diagnóstico mais consciente e responsável da sua realidade ao entender que o que aconteceu no seu passado te trouxe para o agora, mas não precisa determinar o rumo a partir daqui e que você então assume a responsabilidade pela sua vida, uma posição de realmente ser protagonista da sua história, comandando o rumo e a forma como tudo vai caminhar. A partir dessa organização, você entenderá o que é essencial, o que não é, o que você quer construir para a sua vida, além daquilo que você não precisa mais.

E então, olhando para o seu **futuro** é que você entenderá o seu norte, qual é a sua motivação. Para qual direção, afinal, você vai caminhar? Com essa clareza, fica muito mais fácil de traçar um passo a passo intuitivo e consciente, além de prático, rumo a uma vida mais realizada, de propósito, em que o dinheiro seja muito mais do que um instrumento de sobrevivência, tornando-se um veículo para você viver o seu dia a dia com presença.

Espero que se conecte com este conteúdo e que ele faça tanto sentido para você quanto faz para mim. O livro traz uma estrutura em que, ao final de cada capítulo, proponho exercícios com ferramentas para ajudar você a obter os resultados desejados. Comprometa-se com essa prática dos exercícios, porque nenhuma dica financeira vai melhorar a sua situação se você não fizer ativamente a sua parte, assumindo a direção das mudanças que quer implementar.

Porque eu não quero que você seja rica!

Não é disso que trata meu trabalho. Porque a felicidade não é proporcional à quantidade de dinheiro. Tanto que tem muita gente rica que vive infeliz. E dinheiro, por si só, é vazio de significado.

Eu quero que você seja próspera! E a prosperidade não existe sem equilíbrio. Sem leveza. Sem alegria. Sem realização. Sem harmonia nas relações. Sem tempo de qualidade com quem a gente ama.

E é uma vida que contemple tudo isso que quero que você tenha! Então, não: não quero que você seja rica. Eu te desejo muito, muito mais!

E como eu disse, não tenho a fórmula mágica. Mas acredito na mágica! A mágica da intenção, da energia e da amorosidade. E acredito na transformação que esses elementos podem fazer em nossa vida. Não ofereço a você um passo a passo, mas ofereço acolhimento, compreensão e tudo aquilo que aplico em minha vida e que faz sentido para mim, para uma vida com mais equilíbrio, mais tranquilidade e mais realização!

Vamos juntas?

PARTE 1
PASSADO
(Sua história, sua força)

Se quer mudar os frutos,
primeiro tem que trocar as raízes.

T. Harv Eker

Estou cansada de ver gente falando de dinheiro como se fosse simplesmente agir, simplesmente ir lá e fazer. Simplesmente aprender a investir, começar com trinta reais por mês e pronto: você só não vai ter um milhão se não quiser.

É verdade, sim, que você precisa assumir a responsabilidade, decidir e se colocar em movimento, mas existe tanta coisa antes disso! Existe tanta coisa por trás da desorganização, do endividamento, do consumo desenfreado, da traição financeira. Existe muito medo, principalmente. Acho que nunca atendi uma mulher sequer cuja relação com o dinheiro não fosse permeada pelo medo. Medo de faltar. De falhar. De ter sucesso. De ser julgada. De desonrar a família. De se abrir com o marido. De não ser uma boa mãe. De se afundar em dívidas. De não ser suficiente.

É verdade que somos uma geração com muitos problemas financeiros, mas eles são reflexo, resultado desse medo.

Porque as causas vão além do dinheiro. São problemas estruturais, socioeconômicos, culturais, familiares. São questões de gênero, de raça, são questões históricas e sociais. São questões profundas, que geraram dor. Que geraram medo. Que geraram traumas. Que geraram submissão. Que geraram dependência. Que geraram autodesvalorização.

Portanto, é fato que não dá para resumir tudo em cinco dicas ou em quatro passos. É um trabalho tão profundo que uma mudança real vai acontecer, sim (eu creio!), mas ainda vai levar gerações para isso se concretizar. Seria mais fácil se tudo se resumisse só a dinheiro. Quando eu falo sobre melhorar a vida financeira, porém, não estou falando só disso.

Estou falando de desconstruir padrões e de nos livrar de amarras da nossa criação. Estou falando de dissolver crenças que nos limitam sem nem perceber, porque estão tão arraigadas que nos parecem a única verdade. Estou falando de romper estigmas que nos foram impostos e reforçados durante toda uma vida. Estou falando de lutar contra os limites da nossa sociedade, ainda tão machista.

Estou falando de se redescobrir. De se reconectar com a sua essência. De entender os seus valores e lutar pelo seu lugar, pelo seu equilíbrio, pela medida entre maternidade e carreira que você acredita ser a certa para você!

Não é só uma questão de ter dinheiro. De ganhar dinheiro. De guardar dinheiro. De fazer dinheiro. É uma questão de VIDA.

CAPÍTULO 1

MAS, AFINAL: O QUE É DINHEIRO?

"O dinheiro por si só é vazio de significado.
O que vale é o que ele nos proporciona."

LÚCIA STRADIOTTI

As fórmulas de sucesso financeiro me intrigam.

Dizem para você gastar no máximo 50% com despesas fixas, 30% com as variáveis e 20% reservar para investimento, como se todas as pessoas tivessem a mesma realidade. Como se as questões financeiras tivessem a ver realmente com os números!

Acontece que o que funciona para uma pessoa não necessariamente funciona para todas as outras. É por isso que meu intuito não é partilhar essas fórmulas prontas por aqui, até porque, como já dizia sua mãe (muito sabiamente, diga-se de passagem), "você não é todo mundo!".

Cuidar da vida financeira está muito mais ligado a entender a sua própria realidade, definir os seus valores, desenhar os seus sonhos e, a partir disso, traçar um caminho possível para chegar até eles. Um caminho que inclui escolhas conscientes. Um caminho que considera sua realidade. Um caminho que funciona para você e para sua vida!

Por isso, quero começar este livro com uma pergunta bem simples, mas que pode gerar grandes reflexões: o que é dinheiro para você?

Antes de seguir a leitura, pare uns minutinhos e concentre-se na primeira resposta que vem à sua cabeça. De que forma você pensa no dinheiro e por quê? O que fez esses pensamentos se formarem e se transformarem no seu modo de enxergar o dinheiro e como ele impacta as suas decisões?

Sempre que faço essa pergunta numa mentoria, num evento ou numa palestra, ouço as mais variadas respostas: "dinheiro é liberdade", "é uma moeda de troca", "é uma necessidade para realizar sonhos", e muitas outras. Mas o mais interessante é que, invariavelmente, sempre surgem as frases de cunho negativo a respeito do dinheiro: "é um mal necessário", "não é tudo na vida", etc.

O cuidado com as finanças vai muito além de uma questão prática e racional. Precisamos mudar nossa mentalidade em relação à prosperidade e ao fluxo do dinheiro e da abundância na nossa vida. Meu propósito, com este livro, é justamente gerar essa consciência e, com isso, tornar mais tranquila a organização da sua situação financeira atual, seja ela qual for.

Então, para começar, precisamos compreender que o dinheiro é, sim, racional e prático em uma porção, mas também (e principalmente) é emocional, mental e energético. Tudo o que nós pensamos nos faz sentir de determinada maneira, e essas emoções que são geradas nos levam a certas decisões, as quais determinam, por sua vez, os resultados de nossas ações (ou não ações). Está tudo interligado e não é possível simplesmente olhar para o dinheiro como se ele tivesse a ver apenas com números.

Muitas pessoas que me procuram falam: "Ah, mas eu já fiz o planejamento, fui bem por um tempo, mas depois me perdi" ou então: "ah, eu fiz a planilha por um tempo, fui superbem, mas depois desandou". Isso acontece porque não foram feitas as mudanças internas necessárias. Sem mudar o conceito, a percepção, a emoção e todo o modelo mental, até tentamos adquirir novos hábitos, mas inevitavelmente voltamos aos velhos. Para impedir que isso aconteça e para conquistar uma mudança efetiva e consistente, precisamos fazer esse trabalho de olhar para o passado.

Como é que tudo acontece na nossa vida? Temos pensamentos que geram sentimentos, que motivam nossas ações e produzem certos resultados. Esses resultados acabam gerando novos pensamentos, e assim por diante.

Então, se temos um modelo mental com muitas crenças limitantes com relação ao dinheiro, esses nossos pensamentos, por mais inconscientes que sejam, estão gerando sentimentos que vão motivar nossas ações e trazer resultados negativos. Logo, precisamos mudar primeiro nossos pensamentos. Isso mudará automaticamente nossa forma de sentir, de agir e nos trará, assim, novos resultados.

Quando as pessoas me perguntam: "ah, você dá consultoria, né? Eu preciso quitar minhas dívidas e planejar a compra da minha casa", eu entendo a motivação, mas não consigo simplesmente fazer isso. Para mudar um comportamento, é importante entender quais são as barreiras mentais e emocionais que bloqueiam a pessoa para, assim, removê-las e cuidar do todo. Para que seja consistente, a mudança deve partir de um lugar verdadeiro, e não de um lugar superficial.

O dinheiro nunca é o problema; ele é o resultado de problemas que estamos carregando e enfrentando na vida e para os quais precisamos olhar para poder trabalhar com carinho e atenção. Assim, quando você tem uma vida financeira desorganizada, com dívidas, sem fluir como gostaria, ou até mesmo quando tem uma boa renda, um bom fluxo de dinheiro, porém não consegue realizar nada, fazer algo para si mesmo ou para a sua família e não entende muito bem o que pode estar acontecendo, é muito importante observar a situação e entender que tudo isso é o resultado de algo que aconteceu lá atrás, no passado – e é para isso que você precisa se atentar para poder cuidar dessa parte da sua vida.

Só assim essa mudança pode ser realmente efetiva, porque não pode ser apenas uma solução paliativa, sabe? Você não pode simplesmente usar um remédio para dor de cabeça sem entender qual é o motivo daquela dor, ou seja, não é suficiente cuidar do sintoma apenas: é preciso olhar e cuidar das causas também para que a solução seja realmente efetiva e duradora.

É isso que vamos fazer aqui e é por isso que eu digo e repito: não se trata de números. Trata-se da pessoa por trás desses números. Nunca tem a ver só com o dinheiro. Tem a ver com a vida!

#PRAPENSAR

O que é dinheiro para você?

Qual é o sentimento ou sensação que você tem quando pensa na sua vida financeira?

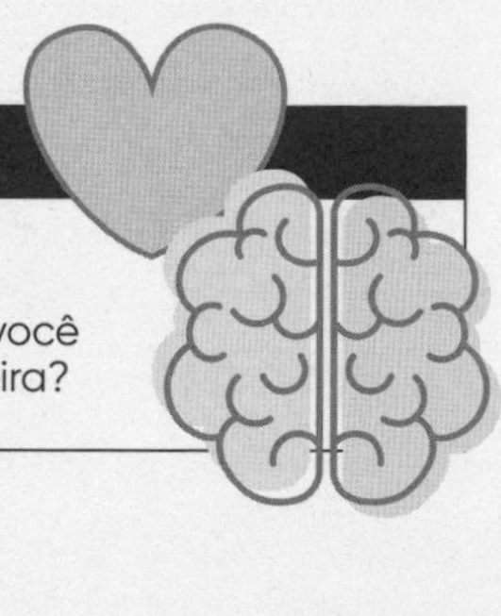

CAPÍTULO 2

BIOGRAFIA FINANCEIRA

"Embora tenhamos a tendência de evitar lembranças dolorosas, os efeitos delas sobre a vida persistem até encararmos o assunto e lidarmos com qualquer sentimento que não tenha sido expressado.

BRAD & TED KLONTZ

Dia desses, conversando com meu pai, resolvi perguntar por que é que ele sempre ficava tão sério quando eu perguntava algo sobre dinheiro quando criança.

Ele disse que não se lembrava disso. Expliquei que sempre quis saber o preço das coisas, o quanto ele ganhava, e nunca tive resposta, mas, agora que eu já era adulta, poderíamos falar sobre isso! Ele me respondeu:

– Não vamos falar desse assunto! Estamos almoçando!

Eu ri. Trinta anos se passaram, e a resposta continuava a mesma!

Nunca falamos sobre dinheiro com naturalidade porque, para a minha família, o dinheiro era tabu. Como eu disse lá no começo, quando tive minha primeira conta, ainda adolescente, eu usava o meu limite do cheque especial sem nem saber que daquele valor eram cobrados juros (isso porque sou filha de 2 bancários!). Fui ao banco poucas vezes na vida porque sempre tive medo de ser assaltada lá. Até hoje, resolvo o que posso por telefone ou pela internet e, por muito tempo, tive medo de o dinheiro faltar. As primeiras reservas financeiras que fiz foi pensando em formas de o dinheiro não acabar.

Ou seja, minha relação com o dinheiro estava totalmente conectada com a escassez e não era nada saudável. Mas, assim como eu mudei isso, você também pode. Como? É justamente sobre isso que falaremos neste capítulo.

Tudo o que você viu, ouviu ou vivenciou no passado, principalmente na infância, ficou gravado no seu subconsciente. Deixou uma marca. Essas marcas compõem um arquivo formado por todas aquelas frases que crescemos ouvindo (e que registramos como verdades absolutas) e por todas as coisas que fomos vendo, vivendo e armazenando também: "Dinheiro é sacrifício e sofrimento!"; "Eu não posso pedir ajuda, preciso me virar sozinha!"; "Dinheiro é motivo de brigas e desentendimentos!"; "Dinheiro estressa!"; "Dinheiro destrói famílias!".

O que ficou registrado, porém, não foi necessariamente o que aconteceu, mas aquilo que interpretamos daquele acontecimento.

Isso acontece por dois motivos: primeiro porque, cada vez que acessamos uma memória, há uma carga de emoções relacionadas à lembrança e ao momento em que a acessamos, além de questões pessoais que acabamos introduzindo; segundo porque, quando somos crianças, não temos a mesma bagagem emocional e as ferramentas necessárias para processar as informações da forma como era esperado. Sendo assim, mesmo acontecimentos que pareçam pequenos para você hoje podem ter gerado marcas profundas e estar impactando hoje sua vida como um todo, inclusive a financeira.

Falamos de educação emocional, mas a nossa geração e a geração antes da nossa não foram educadas nem financeira, nem emocionalmente. Não tínhamos liberdade de falar sobre as nossas emoções, muito menos de falar sobre dinheiro. Isso significa que nosso repertório era limitado para arquivar tudo o que nos aconteceu. E essas experiências, sejam elas quais forem, tornaram-se tão marcantes, simbólicas e importantes que deixaram registros em nossas memórias.

Você certamente tem uma memória de infância sobre dinheiro ou finanças. Seu pai chegando tarde do trabalho e reclamando no jantar sobre ganhar pouco, sua mãe fazendo contas em pilhas de papel e contas a pagar, a comemoração de uma promoção do seu tio, o aperto que sua família passava para poder comer, a primeira coisa que você conseguiu comprar com um dinheiro que podia chamar de seu... Memórias boas e outras não tão boas vivem na nossa mente.

Pode ser também que você não tenha lembranças específicas sobre dinheiro na sua infância, mas saiba que todos nós guardamos algumas lá no fundo, mesmo que inconscientemente. No decorrer do trabalho interno que é possível fazer com relação às lembranças, já vi pessoas que não se lembravam de nada de repente começarem a sonhar com alguns acontecimentos e outras que, ao se abrirem a esse processo e pensarem com vontade, receberam uma enxurrada de memórias. Por isso, é importante colocar sua energia na jornada; muitas coisas podem se revelar.

Olhar para tudo isso não tem o intuito de julgar nem de encontrar culpados pelo que pode ter acontecido, e sim de compreender melhor o que se passou. Ao entender o que houve e olhar para isso com um novo olhar, com uma nova bagagem emocional, a partir do seu eu adulto, você conseguirá enxergar novas nuances e extrair lições importantes.

Ao atribuir lições para os acontecimentos do passado, conseguimos liberar o peso que aquilo tinha antes e deixar com que seja simplesmente uma memória, algo que aconteceu e que nos trouxe ao momento atual, para que possamos nos sentir gratos e honrados.

É verdade que esse exercício de memórias pode ser um pouco desafiador e fazer muitas pessoas ficarem resistentes, pensando que vão acessar momentos ruins ou terão de achar culpados, mas agora você já sabe que não é assim. Olharemos para nossas memórias para liberá-las e assumir, enfim, a responsabilidade pela nossa própria vida, pelas mudanças e principalmente pelos passos caminhados até aqui.

Pode ser, sim, que, ao olhar para o passado nesse exercício, você precise acessar pontos de dor, mas saiba que encarar esse medo do que já foi é muito importante para que você consiga ressignificar isso. Pode ser difícil e doloroso em um primeiro momento, mas, ao mesmo tempo que é desafiador, é libertador também.

A esta altura, é fundamental dizer que talvez você não tenha lembranças que sejam pontos de dor – nem todo mundo teve uma história difícil ou problemas com relação ao dinheiro. Mas aqui vale uma observação: você não precisa olhar apenas para questões especificamente financeiras quando estiver fazendo esse exercício, nem focar em pontos em que o dinheiro estava envolvido. Quando falamos de dinheiro, diversas coisas estão interligadas, como nosso autovalor, nossa noção de merecimento, questões relacionadas à nossa profissão, assuntos que podem afetar a nossa vida financeira no momento presente, e assim por diante.

Dessa forma, tendo ou não memórias dolorosas sobre o dinheiro, isso não quer dizer que você não tenha crenças negativas com relação a ele. Vamos lembrar que as crenças são interpretações dos acontecimentos, então pode ser que você tenha uma lembrança que foi registrada de forma negativa.

Tomando consciência do que ocorreu, nós nos colocamos à disposição para entender por que aquilo aconteceu e, ao enxergar algo de positivo ou ao menos de que forma aquele fato nos trouxe até aqui e nos fortaleceu, conseguimos fazer a dissociação daquela memória, ou seja, deixamos de viver em função desse acontecimento e passamos a seguir mais livres, tendo controle, na medida do contexto atual, das rédeas da nossa vida financeira.

Você não pode controlar o vento, mas pode ajustar as velas. Não é se consertar, mas mudar a forma de olhar sua história. Cuidar da nossa criança ferida nos coloca em processo de libertação.

Acolhendo e honrando essa trajetória, você pode reconhecer sua força e muitas lições. Por isso é tão importante olhar para a sua vida e entender a sua biografia financeira.

#PRAPENSAR

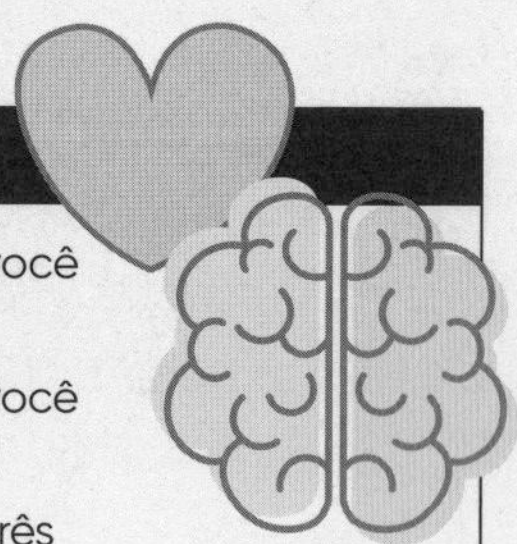

Qual a principal lição ou memória que você tem do seu pai sobre dinheiro?

Qual a principal lição ou memória que você tem da sua mãe sobre dinheiro?

Pense na sua biografia financeira e nos três momentos mais marcantes da sua história envolvendo o dinheiro. Em seguida, responda:

- Quais valores ou ideias associadas a essas experiências vividas na infância/juventude ainda estão ativas na sua vida hoje?

- O que você deseja mudar em relação a tudo isso?

CAPÍTULO 3

A ORIGEM DAS CRENÇAS

O que te causa sofrimento não é o mundo ao seu redor, mas o que você acredita sobre o mundo ao seu redor.

Byron Katie

Nosso conjunto de crenças é formado, em maioria, com base nas experiências do passado: o que a gente viu, ouviu ou vivenciou na nossa infância. Pode ser que você tenha presenciado alguma briga com relação a dinheiro que culminou na separação de seus pais, por exemplo. Com isso, você internalizou que o dinheiro é ruim e destrói famílias. Ou você pode ter crescido ouvindo seu pai ou sua mãe reclamando sobre trabalho, dizendo que não tinham dinheiro, mas que era um mal necessário, e isso acabou ficando registrado para você como uma crença negativa sobre o assunto.

Como dito antes, essas marcas todas compõem um arquivo formado por todas aquelas frases que crescemos ouvindo (que registramos como verdades absolutas) e também por todas as coisas que vimos, vivemos e armazenamos: "Dinheiro é sacrifício!"; "Eu não posso pedir ajuda!"; "Dinheiro é motivo de brigas e desentendimentos!"; "Dinheiro destrói famílias!", e assim por diante.

É muito importante entendermos que, na maioria das vezes, as crenças que carregamos são interpretações desses fatos, ou seja: o que aconteceu pode não ter ficado gravado para você exatamente como foi. Muitas das experiências que resultaram nas crenças aconteceram na infância, quando ainda não tínhamos ferramentas para compreender, lidar ou absorver certos sentimentos e emoções, nem capacidade socioemocional de realmente integrar todas aquelas novas informações. Então, com a bagagem emocional que tínhamos naquele momento, interpretamos o acontecido. E é essa interpretação que fica registrada no nosso inconsciente.

Acontece que nosso inconsciente é responsável por 90% das nossas atividades cerebrais. É como um iceberg: a parte visível dele equivale a apenas 10% do seu tamanho real, mas sua maior parte (os outros 90%) está submersa. E é justamente essa porção mais expressiva e profunda que representa perigo para as embarcações (tanto que foi capaz de causar o naufrágio do Titanic, um navio, em teoria, insubmergível). Da mesma forma acontece com a nossa forma de pensar e agir: nossa mente consciente é apenas 10%. O grande determinante de nossos comportamentos está justamente nos outros 90% do nosso inconsciente. Nos 10%, identificamos os problemas, mas é nessa parte invisível, abaixo da superfície, que estão as raízes deles. É a mente inconsciente que está o tempo todo determinando a sua forma de pensar, sentir e agir – o que, por sua vez, determina os seus resultados.

Essas interpretações e registros do que vivemos no passado funcionam como lentes: olhamos para o mundo e enxergamos a realidade através delas, são elas que moldam a realidade. Acabamos, então, por enxergar o mundo não como ele realmente é, mas sim como um resultado da interpretação através das nossas lentes, das nossas crenças! É por isso que cada um tem o próprio conceito de certo ou errado, de bom ou ruim. É por isso que nossas opiniões (que por vezes nos parecem tão óbvias e a única forma de encarar a realidade) são por vezes discrepantes das opiniões de outras pessoas. Podemos estar todos olhando para a mesma questão, mas cada um está enxergando o que consegue, a partir da própria perspectiva.

Por isso é tão importante falar e cuidar desse assunto, porque pode ser, sim, que você tenha crenças fortalecedoras muito positivas, mas pode também carregar ainda hoje crenças negativas especificamente com relação ao dinheiro. Essas crenças podem estar limitando o seu potencial, a sua forma de enxergar a realidade e de agir.

Por exemplo, quem nunca ouviu que dinheiro não traz felicidade? Essa é uma das crenças mais difundidas e que está na boca de todo mundo, não é? Ao ouvir, quando era criança, que dinheiro não traz felicidade, você pode ter absorvido a ideia de que "se dinheiro não traz felicidade, então traz tristeza. Logo, não quero dinheiro". Claro que racionalmente essa ideia não faz sentido, mas lembre-se de que é justamente a parte inconsciente que comanda em 90% do tempo.

É claro que isso não aconteceu com todo mundo, mas pode ter acontecido com você e pode ser o motivo de o dinheiro não estar fluindo na sua vida ou de o dinheiro estar chegando até você, mas sempre acabar, sempre sumir. Nesse caso, a relação que se estabelece é: você nunca tem dinheiro porque, se tiver, não será uma pessoa feliz.

Outro exemplo é ouvirmos que o dinheiro é sujo. No sentido de o papel-moeda ter bactérias, germes e sujeira no geral, sim, ele é, mas com um celular é a mesma coisa. Você deixaria seu filho pequeno pegar numa cédula? E no seu celular (que você inclusive leva para o banheiro. Quem nunca, não é mesmo)? Por que não deixamos a criança brincar com dinheiro? Por que será que é tabu? Quando crianças, ao ouvirmos que o dinheiro é sujo, associamos isso a algo ruim, negativo, mesmo quando estamos falando da bactéria e da sujeira ali nas cédulas ou nas moedas.

A partir de tudo isso, como identificar suas crenças, então? Como saber se elas existem ou que lentes elas criaram na sua visão de adulta?

Deixa eu te contar o que aconteceu comigo para ilustrar melhor esse assunto. Em 2010, eu realizei um grande sonho: abri minha primeira empresa (uma agência de intercâmbios). Cerca de nove meses depois, engravidei do meu primeiro filho. Eu me lembro até hoje de pensar, ao descobrir a gravidez, que eu teria dois bebês para cuidar (porque minha empresa estava começando a engatinhar).

Os meses foram passando, a empresa foi crescendo, pagando o investimento inicial e chegando ao ponto de equilíbrio. Eu amava o que fazia e trabalhava várias horas por dia, por noite, por final de semana. Eu me dediquei para ver a empresa crescer e, quando as coisas estavam fluindo bem e eu já estava tendo lucro, o Caio nasceu.

Ainda na maternidade, me veio a certeza: eu precisava encerrar as atividades da empresa. Afinal, como eu iria cuidar, ao mesmo tempo, do meu filho da forma que sonhava e de uma empresa que estava começando a dar os primeiros passos sozinha? Então, tomei a decisão. Quatro meses depois, eu fechava as portas do meu negócio.

Nunca me arrependi da decisão, nem por um minuto. Nem de abrir a empresa, nem de fechá-la. Porém, depois de muitos anos que fui descobrir que eu tinha uma crença: a de que era impossível ser uma boa mãe e uma boa profissional ao mesmo tempo. A de que eu precisava escolher um ou outro.

Eu não sei como teria sido minha vida sem essa crença. Eu não sei se eu teria tomado uma decisão diferente, mas o fato é que essa decisão de fechar a empresa teve um impacto nas finanças da nossa família. E foi aí que comecei a entender que era muito importante olhar para isso. Foi cuidando dessa crença em minha vida que voltei a trabalhar e abri uma nova empresa (e depois outra, e depois outra).

Por isso, sempre digo que, por trás da desorganização, do endividamento, do consumo desenfreado, da traição financeira, há muuuuita coisa. Muitas crenças. Muitas feridas. Muitos traumas. E muito medo. Principalmente para nós, mulheres.

Mas a boa notícia é que, acolhendo e honrando essa história, você pode reconhecer e se conectar com sua força e aprender muitas lições!

#PRAPENSAR

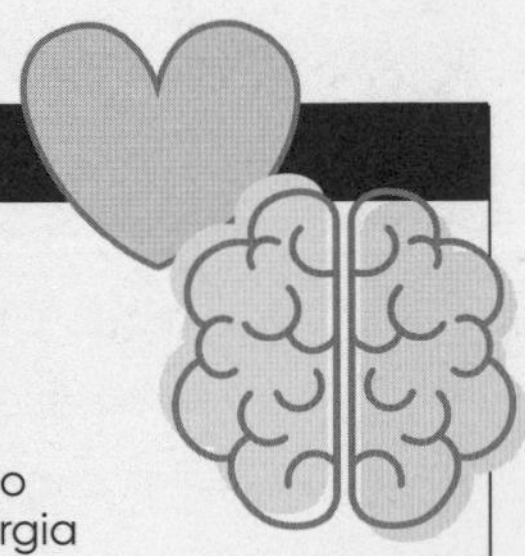

Pense em dinheiro. Pegue e sinta uma nota.

- Como você se sente?

- De onde vêm esses sentimentos (são seus ou você está canalizando a energia dos outros?)

- Esses sentimentos têm a ver com a história da sua família e com os acontecimentos do seu passado?

O que você pensa/sente quando vê uma mulher que tem muito dinheiro?

Agora imagine vivendo a vida ideal, a vida na qual você tem a situação financeira de que gostaria. O que existe de negativo nisso?

CAPÍTULO 4

A IMPOSTORA DENTRO DE VOCÊ

O julgamento é uma das maiores barreiras aos nossos avanços milagrosos.

MARIANNE WILLIAMSON

"Você é um fracasso!" É essa a "verdade" que ressoa em mim.

Essa voz interna me diz que eu não sou suficiente. Ela me faz duvidar de quem eu sou, do que eu penso, do que eu sei, do que eu faço. Ela faz eu me sentir incapaz. Ela faz eu me sentir menor.

Sei que essa voz não está presente só por aqui. Nós, mulheres, geralmente sofremos com essa voz bem conhecida. Aquela voz interna que, quando vem, nos confronta com a pergunta "quem você pensa que é?" e nos enche de medo e de insegurança.

Difícil uma mulher que procure minha ajuda e não esteja se sentindo um fracasso por não conseguir melhorar sua relação com o dinheiro. Eu sei que a primeira sensação é essa mesmo. Acredite: eu sei! Mas o fracasso só é sentido porque existe culpa nessa equação: "Não consegui, então a culpa é minha!". Esse pensamento que gera a culpa é herança da educação punitiva que tivemos. Da falta de educação financeira. Da falta de educação emocional. Do patriarcado. Da não permissão.

Essa é a voz do sistema que, como mulher, como mãe ou como profissional, sempre nos diz que falta algo. Essa é a voz de um sistema fundamentado em fazer com que nos sintamos insuficientes (justamente para querermos sempre mais).

Trata-se da famosa síndrome da impostora.

Basicamente, quando sofremos dessa "síndrome", subestimamos o feito e superestimamos o não feito. Ou seja: tudo o que fazemos tem peso 0,5, mas o que não fazemos tem peso 2,0. E aí a conta nunca fecha!

Além disso, é como se o sucesso sempre viesse graças a fatores externos ("dei sorte", "fulana me ajudou", "os planetas estavam alinhados" e várias outras desculpas) e como se o fracasso fosse sempre fruto de fatores internos ("sou incompetente", "não sou suficiente", "não sou inteligente", e a lista continua).

Alguns dos sintomas dessa síndrome são: ansiedade, falta de autoconfiança, baixa autoestima, frustração, sensação de nunca estar pronta e insegurança. O grande problema é que, sem nem nos darmos conta, alimentamos essa voz diariamente quando nos comparamos, quando nos sentimos inferiores, quando entramos na espiral da autocobrança, quando duvidamos de quem somos. Por isso, quando a voz aqui na minha cabeça ganha força e insiste em falar bem alto, eu brigo com ela. É uma briga constante, quase que diária. Só que quem ganha sou eu, porque hoje tenho recursos para identificar e silenciar essa voz.

Quando ela aparecer por aí, lembre-se do seguinte:

- Você pode, sim, olhar para o que fez e enxergar pontos a melhorar, mas jamais invalide suas conquistas!

- Suas vulnerabilidades não são fraquezas. São elas que a fazem humana e única!

- Tudo bem ter medo, mas não deixe que ele não seja mais forte que a vontade de fazer dar certo!

- Faça uma lista de tudo o que você é, fez e faz! Suas habilidades, seus dons, suas qualidades. E leia e releia quantas vezes precisar!

Observe esses seus pensamentos. Coloque-os no papel. Questione todos eles. Faça uma lista de tudo o que você faz, de tudo o que você é! Lembre-se dos seus valores. Lembre-se do seu valor! Assim, você será capaz de se fortalecer e enfraquecer essa voz.

E lembre-se também de que você não está sozinha e de que, por mais que às vezes ela grite e encontre ressonância nos nossos medos, ela é só uma voz que ganha força apenas se a gente deixar. Então, não deixe, combinado? Você tem essa escolha.

Cada vez que essa voz insistir em falar, lembre-se do quanto você é incrível. Lembre-se de tudo o que você fez e faz. Lembre-se de que, se existe a sombra, é porque também existe a luz!

Você. É. Suficiente!

#PRAPENSAR

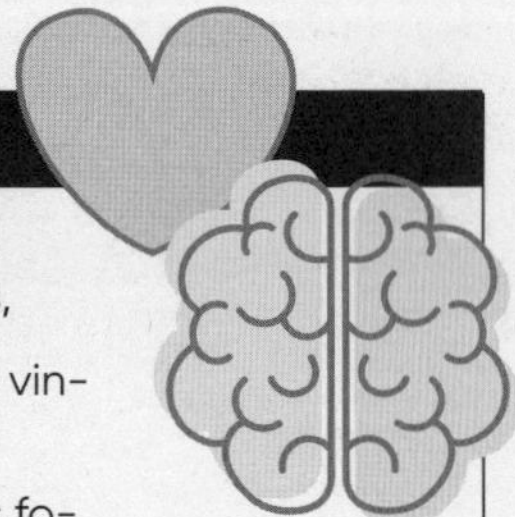

Faça uma lista de tudo o que você é, fez e faz! Suas habilidades, seus dons,

suas qualidades. Escreva pelo menos vinte itens.

Guarde para ler e reler quantas vezes forem necessárias!

Escreva uma frase positiva e fortalecedora sobre si mesma, como um mantra pessoal. Por exemplo: "Sou forte, saudável, próspera, consciente e feliz". Escreva num papel bonito com canetas coloridas e deixe num lugar onde possa ver sempre!

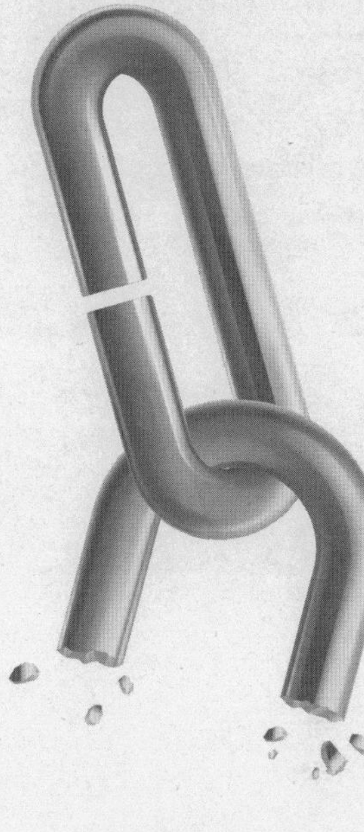

CAPÍTULO 5

LIBERTANDO-SE DAS AMARRAS

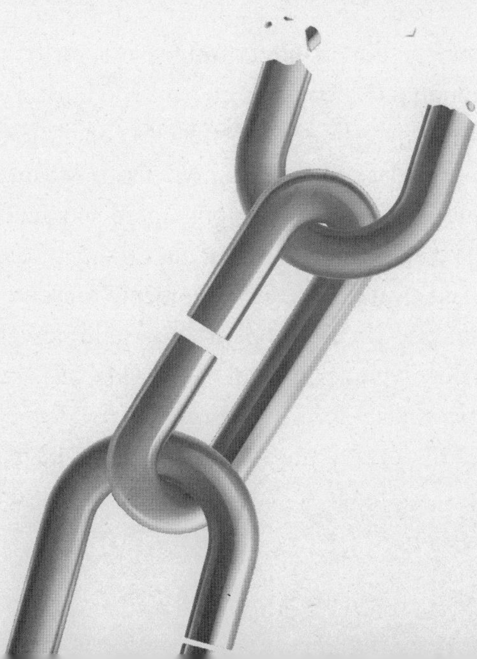

É possível fazer escolhas conscientes sobre nosso dinheiro, aprender com os erros e ingressar em um novo mundo expandido de possibilidades.

BRAD & TED KLONTZ

Se você chegou até aqui, já entendeu a importância de olhar para a própria biografia financeira e identificar de que forma o que você viveu até aqui interfere nas suas decisões do presente. Agora, como fazer para se dissociar dessas memórias, crenças e traumas financeiros e das consequências advindas de tudo isso?

Pode parecer bobo, redundante ou impossível atribuir lições a elas, dependendo das memórias que você tem, mas é muito importante olharmos para nossas experiências e analisar: o que eu aprendi e o que eu posso tirar de positivo disso? Mesmo com a sensação de que só houve perdas com algum acontecimento, principalmente com memórias de dor mais traumáticas, a verdade é que tudo isso trouxe você até o momento presente. É, então, fundamental que você olhe para essas lembranças reconhecendo o peso positivo que elas têm na sua vida, ou seja, o quanto tudo o que aconteceu fez você ser quem é.

Honrar a nossa história, o nosso passado, é um passo fundamental. Não é preciso amar ou perdoar de imediato tudo o que você passou, mas comece liberando-se da culpa de ter se julgado até agora pelos seus comportamentos financeiros ou de se sentir totalmente responsável pelos resultados que você teve nessa área. Agora você entende o caminho que percorreu até aqui e sabe que os seus comportamentos são determinados por essas questões inconscientes muito vinculadas ao passado.

A dissociação é importante porque é nesse momento que percebemos que o que nos aconteceu foi traumático e nos trouxe prejuízos ou foi surpreendentemente simples, mas poderoso. Entendemos também que o nosso passado resultou em benefícios porque nos fez mais fortes, nos fez enxergar algo de determinada maneira, nos fez repensar alguns relacionamentos, enfim, teve consequências positivas.

Com base nisso, podemos decidir melhor a respeito das coisas com que queremos continuar caminhando e daquelas que queremos deixar. Aquilo que decidirmos carregar na nossa bagagem a partir de então vamos carregar de maneira consciente e, por isso, não sentiremos mais aquele peso, aquelas amarras de não saber muito bem o que está acontecendo. "Meu dinheiro simplesmente acaba e não sei por quê", "sei o que fazer, mas não consigo pôr em prática" e "sou consumista, mas não sei como mudar" são falas e atitudes que saem de cena, porque não há mais aquela força inconsciente agindo sobre suas ações. Agora, você trouxe tudo isso à tona, para a consciência, e você escolhe caminhar sem esses pesos antes invisíveis.

O que vai ficar na bagagem? Lições e coisas positivas atribuídas – que fazem com que a gente se dissocie dos acontecimentos do passado. Quando eles aconteceram, tínhamos o olhar e as ferramentas emocionais de criança; agora, você vai olhar para tudo isso a partir do seu olhar de adulto, e não mais da sua criança ferida. Volte à situação e observe como se estivesse de fora, analisando o ocorrido, levando em conta o contexto e agregando a maturidade que você tem hoje.

Você pode ainda fazer o exercício do papel reverso, ou seja, você pode colocar seu filho ou sua filha como a criança naquela situação e você como a pessoa que desencadeou o acontecimento. O que você gostaria de que ele ou ela aprendesse? O que você gostaria de que ele ou ela entendesse da situação? De que forma você poderia falar algo de positivo para ele ou ela levar de lição? Fazendo isso, pode ficar mais fácil enxergar o ganho daquele acontecimento. Porque ele sempre existe. Sempre há um ganho, pode acreditar.

Ressignificar o que há de negativo e transformá-lo em algo positivo é muito importante. Como eu já disse lá atrás, lembre-se de que as crenças funcionam como uma lente: nós enxergamos o mundo através delas. Elas fazem o papel de verdades absolutas, mas não são, e precisamos confrontá-las porque, se não olharmos para isso, elas vão continuar determinando nossas decisões e nosso caminho de vida e nós vamos continuar sem atuar e sem protagonizar nossa própria história.

Uma vez que trazemos essas crenças para a consciência, não podemos mais caminhar para trás, não tem mais como continuarmos reféns delas, de maneira inconsciente: passamos a ter apenas o processo de expansão.

Uma forma de olhar e transmutar nossas crenças é fazer um questionamento, uma investigação, e tentar transformar uma crença limitante em uma crença fortalecedora. Esse processo é chamado de "O Trabalho" ("The Work"), conceito difundido por Byron Katie, autora e palestrante norte-americana. Ela conta que, em uma caminhada, avistou uma corda no chão e pensou que era uma cobra. Naquele momento, todo o organismo dela respondeu à cobra, então começou a suar frio, tremer e sentir medo e ansiedade, na certeza de que estava em perigo. Quando observou novamente e percebeu que era uma corda, o medo e toda aquela sensação passaram. Se alguém passasse ali e dissesse: "olha, uma cobra!", ela não se assustaria mais, porque sua mente já havia entendido que aquilo era, na realidade, uma corda. Dali em diante, ela não teria mais como "desentender" a realidade do fato.

Percebe? O mesmo se aplica às nossas crenças! Elas nos fazem acreditar que algo é do jeito que é e só há uma forma de ser – assim como Katie tinha visto uma corda e achado que era uma cobra. Esse é o papel das crenças na nossa vida e, uma vez que mostramos para nossa mente que aquele não é o único entendimento, que aquilo que parecia ser de determinada maneira pode ser visto por outro ângulo, não temos como voltar a ver a nossa vida como antes.

O processo de transmutar as crenças é muito importante. Mesmo que continue de alguma maneira acreditando nas negativas e limitantes, você consegue expandir sua consciência para entender que aquela não é mais uma verdade absoluta e, assim sendo, você pode escolher seguir livre do peso daquela memória na sua vida.

Ao olhar para o passado e entender de que forma ele influencia o seu presente e ainda pode impactar o seu futuro, você está pronta para organizar o presente. Você vai entender o que está acontecendo com seus comportamentos e quais são os pontos que precisam ser cuidados, melhorados e ajustados para que você possa ter um olhar real para a sua vida e planejar o seu futuro de forma consistente e consciente.

Portanto, ressignifique:

- De: "Preciso guardar para não faltar." para: "Quero guardar para ter sempre."

- De: "Vou trabalhar para ganhar dinheiro." para "Vou trabalhar para prosperar."

- De: "Sou muito desorganizada." para: "Preciso me organizar melhor."
- De: "Sou gastona e consumista." para: "Preciso consumir com mais consciência".
- De: "Não tenho dinheiro pra isso!" para: "Tenho outras prioridades no momento!"
- De: "É muito caro!" para: "Não cabe agora no meu orçamento."

Afinal, evocando as palavras de Marianne Williamson: "Somos nós que escolhemos como queremos pensar nas coisas que acontecem. O maior presente que podemos nos dar é a disposição para mudar nossa mente. Nada o detém exceto os seus pensamentos. Nada o limita, exceto os seus medos. Nada o controla, exceto suas crenças."

#PRAPENSAR

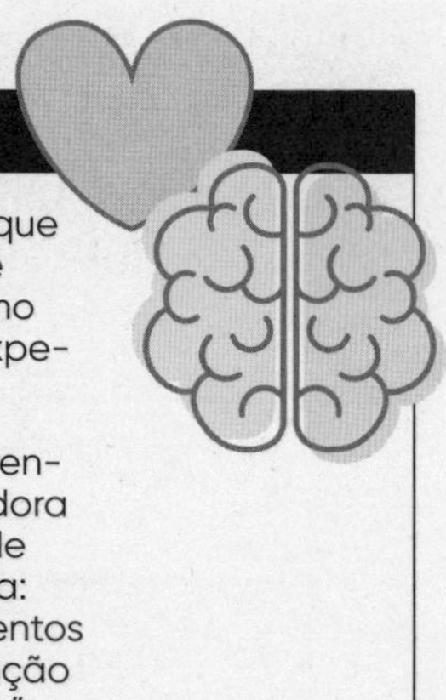

Liste ao menos dez ideias negativas que você tem sobre o dinheiro. Frases que cresceu ouvindo e repetindo ou mesmo ideias que se formaram a partir de experiências.

Faça a inversão dessas ideias, escrevendo uma versão positiva e impulsionadora para cada uma delas. Por exemplo: de "Dinheiro não traz felicidade.", escreva: "Dinheiro me proporciona bons momentos em família, qualidade de vida, educação e saúde de qualidade e tranquilidade".

PARTE 2

PRESENTE (Organizando o momento presente)

Cada um tem seu conceito de prosperidade. É por isso que, mesmo fazendo escolhas diferentes, no fundo estamos todos buscando a mesma coisa: ser feliz!

Lúcia Stradiotti

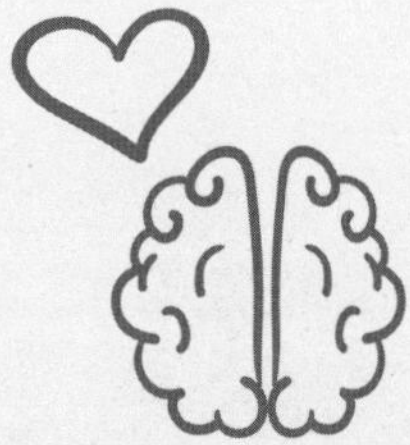

O seu saldo bancário não reflete a sua vida! A gente tende a acreditar que sim, que aquele dinheiro que a gente vê (ou pior, que não vê) lá na nossa conta reflete nosso valor pessoal.

Prova disso é a vergonha que as mulheres que me procuram por ajuda dizem sentir quando pensam na vida financeira.

E essa vergonha (assim como a culpa e muitos outros sentimentos negativos que permeiam nossa relação com o dinheiro) vem dessa falsa ideia de que a forma como a gente lida com o dinheiro diz muito sobre quem a gente é.

Não. Isso não é verdade! A forma como a gente lida com o dinheiro diz muito sobre o que ouvimos e vivemos; diz muito sobre a nossa sociedade patriarcal; diz muito sobre o sistema capitalista. Mas não diz sobre quem somos!

E precisamos enxergar assim porque é só tirando esse peso gigante das costas que conseguimos, de fato, olhar para o que precisamos para ressignificar essa relação!

A vida a gente não calcula: a gente vive! E ela é feita de momentos, de gestos, de experiências. A cada fração de segundo que passamos nos culpando e nos julgando, deixamos de viver alguma coisa que não volta mais!

Então, lembre-se: sua vida é muito mais do que qualquer taxa, do que qualquer porcentagem, do que qualquer número – principalmente aquele que você tem na conta (seja a quantia que for!).

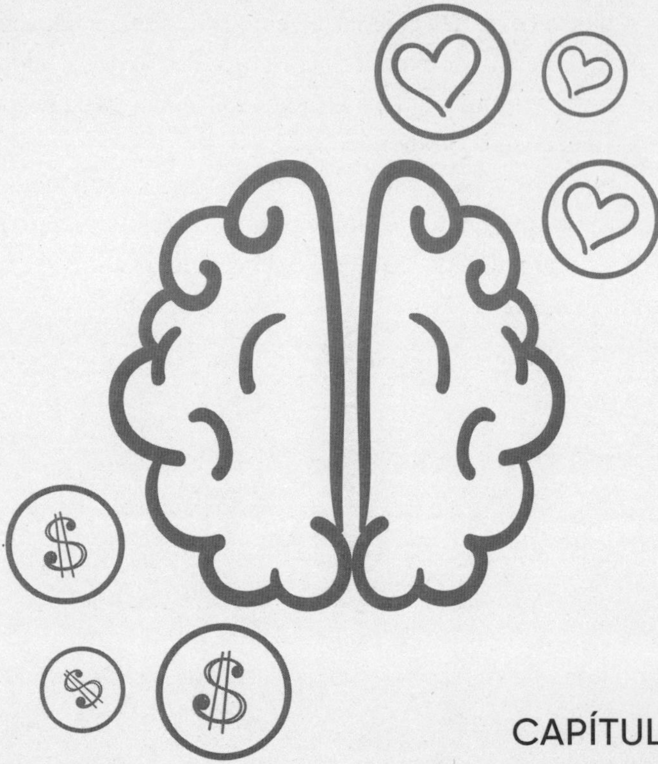

CAPÍTULO 6

DINHEIRO × AUTOVALOR

A maioria de nós tem sido mensurada pelo dinheiro, deixando as próprias qualidades de lado e não contabilizadas. Como muitas vezes não nos sentimos bem a respeito do nosso valor líquido, nossa autovalorização foi diminuída e nossa autoestima, reduzida.

Deborah L. Price

Sabe quando você olha para a sua conta e sente vergonha? Ou quando você analisa o seu perfil de consumo e fica extremamente envergonhada de estar consumindo daquela maneira e não conseguir se controlar? Ou ainda aquelas vezes em que olha para o que tem e se sente menor do que as outras pessoas que têm um carro melhor, uma casa do jeito que você queria, e isso acaba afetando o quanto você se valoriza e se sente capaz, fazendo você achar que, se não conseguiu aquele carro, é porque vale menos?

Nossa mente faz muitas vezes confusão entre o nosso valor próprio e o nosso saldo bancário. Essa moeda tem dois lados: olhamos para o que temos na conta e para nossas posses e por vezes nos sentimos diminuídas, envergonhadas, menores, e ao mesmo tempo nos comparamos pelo que temos e pelas nossas conquistas materiais quando não estamos bem, quando estamos com a autoestima abalada e enfrentamos todas essas questões com relação ao nosso valor próprio. Tudo isso afeta o nosso dinheiro.

No início, essa confusão é inconsciente, em especial socialmente, com a influência da mídia, que está o tempo todo enaltecendo o "ter", não o "ser". Vemos pessoas bem-sucedidas que parecem se sentir plenas e prósperas por terem adquirido certo produto que não temos. De forma automática e inconsciente, achamos que é aquilo que vai solucionar nossos problemas. Certamente isso já aconteceu com você em algum momento: ao ver alguém que admira e que é considerada bem-sucedida e próspera, talvez você tenha pensado: "é disso que eu preciso".

Essa lavagem cerebral acontece justamente para que acreditemos que a nossa realização vem do "ter". Não se sinta mal se cair nessa armadilha porque todos nós já caímos em algum momento da vida. Pouco a pouco, passamos a não valorizar o que somos em essência para valorizar o que temos ou o que podemos comprar.

Quando você olha para o seu saldo bancário e está no cheque especial ou quando olha para suas dívidas e sente vergonha ou incapacidade, o fundamento disso está nessa pressão que existe para nos sentirmos dessa forma e seguirmos comprando coisas que muitas vezes não vão nos fazer felizes de verdade. Entra aqui a questão do prazer imediato quando compramos algo versus a realização verdadeira, assunto sobre o qual conversaremos quando falarmos de consumo, futuro e valores.

Para iniciar essa observação interna, pergunte-se: quantas vezes você já sentiu vergonha da forma como lida com o dinheiro e do seu saldo bancário? Quantas vezes já se diminuiu por não ter algo que achava que precisava só porque outra pessoa tinha ou porque a mídia vendeu essa ideia como algo essencial para a sua felicidade? É aí que percebemos o quanto o nosso dinheiro e o nosso autovalor estão sendo confundidos.

No outro lado da moeda, é possível que, muitas vezes, o nosso resultado financeiro hoje seja reflexo das crenças que carregamos desde a infância a respeito do nosso valor próprio, e é muito importante olhar, investigar e tratar isso. Você pode pensar no que aprendeu na parte um deste livro e aplicar as lições a essas crenças de autovalor e merecimento, porque é essencial trazer essas questões para a consciência e liberá-las para não cair mais nas armadilhas e conseguir alcançar a mudança verdadeira.

Lembre-se: não se trata de limpar todas as nossas crenças; elas existem em camadas e estamos constantemente lidando com elas. Trata-se de trazê-las pontualmente para a consciência, conforme formos caminhando, para conseguir enxergar as armadilhas e enfrentá-las fazendo uma auto-observação e uma autoanálise, o que antes não era possível porque você era totalmente comandada pelo subconsciente.

Tenhamos as palavras de Deborah L. Price em mente: "Se tudo o que fazemos é nos concentrar no dinheiro, corremos o sério risco de ficar sem tempo. Sem essa compreensão, viveremos sempre num estado de pobreza, não importando que quantia de dinheiro sejamos capazes de poupar."

Mais profundo que o tempo que você troca por dinheiro no seu trabalho de carteira assinada ou de prestação de serviço, vamos falar sobre o tempo que você gasta pensando em questões financeiras, se preocupando com elas e, principalmente, correndo atrás de dinheiro.

Muitas vezes, nós nos esquecemos de que as coisas realmente valiosas na nossa vida são aquelas que o dinheiro não compra. Atendo muitas pessoas que estão numa roda de ratos: o tempo todo trabalham muito, exigem cada vez mais de si mesmas e, num ciclo de autocobrança muito grande para conquistarem alguns bens materiais, esquecem-se do mais importante, que é viver, aproveitar o tempo, conectar-se ao que é mais valioso para elas.

Muitas pessoas estão muito insatisfeitas com a situação em que vivem, independentemente do valor de patrimônio e das reservas financeiras que têm e do salário que ganham. Essa insatisfação vem exatamente do desequilíbrio dessa equação! Ao passar tanto tempo nos preocupando com questões financeiras e correndo atrás do dinheiro, não usufruímos do que conquistamos.

Imagine que você quer ter a casa dos seus sonhos. Para isso, você vai guardar muito dinheiro para dar a entrada e depois vai assumir um financiamento de trinta anos e comprá-la. Maravilhoso, não é? Essa casa, no entanto, não pode tirar de você o tempo de viver o presente, ou seja: para pagar esse financiamento, você terá de sacrificar ainda mais horas do seu dia, trabalhar horas extras naquele lugar de que você não gosta, naquele ambiente que lhe faz mal.

Você pode fazer isso, claro, se fizer sentido para você e se comprar essa casa fizer você e sua família felizes, com mais qualidade de vida. O que não pode acontecer, entretanto, é a inversão de valores: acreditar que é essa casa que vai trazer felicidade, quando na verdade a casa vai existir, mas você, não. A equação não fecha!

Na vida moderna que levamos, é cada vez mais comum pessoas correrem mais atrás do dinheiro do que cuidarem da relação com o dinheiro para que ele possa fluir. Ao falar do seu patrimônio mais valioso, daquilo que você tem de mais importante, estamos falando em realidade da sua vida. Como é que você a tem gastado? Como tem gastado seu tempo? Será que aquilo em que você tem colocado sua energia e seu tempo é o que vai levá-la para a vida que deseja? Há uma grande diferença entre gastar tempo e investir nele.

Existem diversos ladrões de tempo. Sabe aquela sensação de que estamos o tempo todo correndo e sem tempo? Muitas vezes, ela é falsa porque nos ocupamos com coisas que não são relevantes e não estão acrescentando nada na nossa vida. Passar meia hora nas redes sociais sem ter um objetivo vai levar você a se comparar e a se sentir inadequada e ainda não vai trazer nada de bom para a sua vida. Aí, quando precisar fazer algo importante, você terá meia hora a menos.

Fiquei pensando muito nisso quando meus filhos fizeram aniversário: um fez nove e o outro quatro anos. Foi nesse momento que me dei conta de como o tempo passa. Não tenho mais um bebê em casa, meu mais velho será em breve um adolescente e a vida está acontecendo. Será que estou escolhendo certo? Será que estou investindo bem o meu tempo? São reflexões sempre válidas para entendermos, principalmente, que nada e nenhum dinheiro no mundo valem mais do que o nosso tempo.

Você pode ter a intenção de conquistar muitos bens, mas é importante que faça essa escolha de forma consciente, sem ser levada a querer algo por comparação ou por armadilhas e gatilhos de consumo. A vida dos outros nas mídias sociais leva você a querer um estilo mais glamuroso e cheio de bens materiais que, na verdade, não vai fazê-la feliz.

Na hora de fazermos as nossas escolhas conscientes, desejo sobretudo que possamos nos lembrar disso! Às vezes, não temos ainda aquele patrimônio, aquele bem material de que gostaríamos, mas temos flexibilidade e tempo de qualidade com nossos filhos; isso tudo vale bem mais do que encher os olhos com algo que poderíamos conquistar, mas ainda não temos. Desconectar-nos daquilo que queremos de verdade é, em essência, uma grande armadilha porque nunca teremos tudo o que queremos. Tudo isso nos coloca em um ciclo eterno de insatisfação.

A frase "tempo é dinheiro" não é uma verdade absoluta, mas precisamos entender que tempo é, sim, nosso bem mais precioso porque não conseguimos recuperá-lo nem voltar atrás: o que passou já foi e, a cada segundo que decidimos fazer algo, estamos escolhendo usar aquele momento precioso com determinada atividade.

Veja, então, a importância de investir o seu tempo, a sua energia e a sua atenção naquilo que realmente é valioso. Em que medida você está usando bem a sua moeda de vida, o seu tempo? Em que medida esse tempo está trazendo qualidade de vida?

#PRAPENSAR

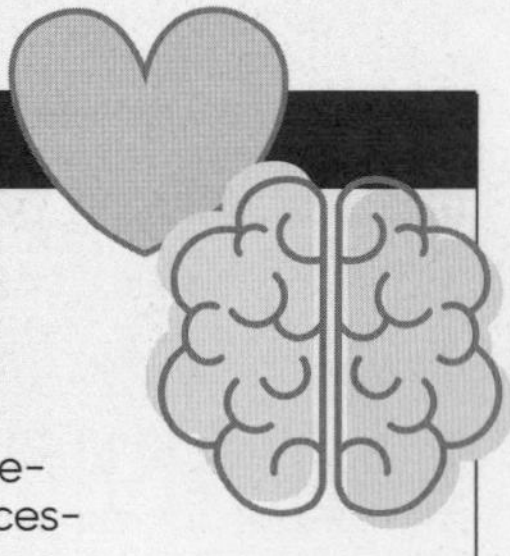

Qual sua situação hoje?

O que você pensa sobre si mesma ao olhar para ela?

Pense em tudo o que já viveu e nos melhores momentos da sua vida. Eles necessariamente envolviam dinheiro?

Pense nas suas últimas aquisições. Você se tornou uma pessoa de fato melhor depois dessas compras?

Agora pense na sua situação financeira hoje. Independentemente de como ela seja, ela determina de alguma maneira quem você é na essência?

CAPÍTULO 7

DINHEIRO E MULHER: ALGUMAS VERDADES

Seria mais fácil se tivéssemos de lidar só com o dinheiro, como alguns especialistas dizem. Seria muito mais fácil se a questão fosse apenas os números. Mas, quando falo de dinheiro para mulheres, estou falando de desconstruir padrões e de nos livrar de amarras da nossa criação.

Estou falando de dissolver crenças que nos limitam sem nem percebermos porque elas estão tão arraigadas que nos parecem a única verdade. Estou falando de romper estigmas que nos foram impostos e reforçados durante toda uma vida. Estou falando de lutar contra os limites da nossa sociedade, ainda tão machista, e de cuidar dos traumas de uma educação punitiva. Não é só uma questão de ter dinheiro. De ganhar dinheiro. De guardar dinheiro. De fazer dinheiro.

Quando falamos da vida financeira de mulheres, o que vemos, num primeiro momento, é só a ponta do iceberg. Vemos desorganização, conta, dívida, briga, insônia, ansiedade. Na verdade, porém, trata-se de algo muito mais profundo. O que realmente está por trás desse resultado financeiro são cansaço, carga mental, crenças, problemas estruturais e questões sociais.

Vivemos um momento de mundo desafiador, no qual a balança está desequilibrada. De um lado, a falta é iminente: falta autocuidado, tempo, rede de apoio, autoestima, silêncio, oportunidade justa de trabalho, estrutura. De outro lado, sobram tarefa, culpa, responsabilidade, preocupação, imprevisibilidade e julgamento.

Quanto mais mulheres eu atendia em mentoria, mais eu via a necessidade de deixar isso claro e de desmitificar muitas informações a respeito do dinheiro. Por isso, quis trazer neste capítulo algumas verdades, aquelas que ninguém conta para você, mas fazem toda a diferença na forma como você vai lidar com o dinheiro daqui por diante:

#1: A culpa não é sua!

Ensinaram tanta coisa errada pra nós, mulheres: ideias prontas a respeito do nosso valor próprio, do nosso merecimento, do nosso gênero. Ideias negativas sobre o papel da mulher e sobre o dinheiro. Tudo isso, atrelado à falta de educação financeira, acabou com nossa autonomia.

#2: A conta que não fecha não é a financeira!

Faltam tempo, autocuidado, rede de apoio, salário justo, política pública. Falta muita coisa. Por outro lado, sobram trabalho, preocupação, carga mental, culpa. É essa a conta que não fecha.

#3: Não tem só um jeito certo!

Apesar de todos os “tem quê’s” do mundo moderno, você pode escolher a forma que fizer mais sentido para cuidar do dinheiro na sua vida. Pode ser a menos trabalhosa, a mais leve. Pode ser uma planilha, sim, mas também pode ser um caderninho com canetas coloridas, uns post-its... até mesmo um grupo de WhatsApp só com você é suficiente. Você só não pode deixar de cuidar.

#4: Você não precisa parar de comprar!

Não tem a ver com isso. Você só precisa pensar, ponderar, refletir antes de fazer uma compra e, sempre que possível, planejá-la.

#5: Você acha que o que os olhos não veem o coração não sente, não é mesmo? Mas saiba que o bolso sente (e o coração, mais ainda).

Muita gente sem controle nem planejamento financeiros age dessa forma por uma razão: tem medo de encarar os números e os fatos! Acreditam naquela velha história de que "o que os olhos não veem o coração não sente", mas se esquecem de que o bolso sente, sim, e, por consequência, o coração também!

#6: Dinheiro sem destino encontra um destino

Por isso, vai ter sempre um pneu furado, um cano estourado ou gasto a mais na farmácia para você gastar aquele dinheiro que você esperava que sobrasse.

#7: Não existe cuidar do dinheiro sem cuidar de você!

Cuidar de você é saber dizer não, conhecer seus limites, deixar ir pessoas que lhe fazem mal, abrir mão de hábitos nocivos, parar de seguir quem faz você se sentir inferior.

#8: O dinheiro nunca vai sobrar se você não guardar antes de gastar!

Inverta o jogo: pense no que faz você feliz, estabeleça prioridades, guarde o valor que definir por mês assim que o dinheiro entra e organize-se para que o restante seja suficiente para os compromissos mensais.

#9: Ou você controla ou vira refém!

Ou você assume o protagonismo da vida financeira ou você vira refém dela e vive em função do que dá para fazer e do que dá para pagar, e não do que você realmente quer!

 # 10: Dinheiro não deveria ser tabu, mas a traição financeira ainda é comum entre os casais!

E é uma das principais causas de divórcio também. Não precisam juntar as rendas, mas conversar sobre dinheiro e agir com transparência e cumplicidade é fundamental!

 # 11: Dinheiro pode pagar suas contas, mas não resolve seus problemas financeiros!

Enquanto você não investigar as causas e cuidar do problema de fato, seus problemas financeiros vão continuar se repetindo!

#12: Dinheiro está diretamente ligado à nossa autoestima e à nossa saúde emocional.

Confundimos a nossa capacidade de lidar com o dinheiro com nosso autovalor, mas precisamos entender que nosso saldo bancário não reflete quem somos!

#13: São as crenças que nutrimos a respeito do dinheiro, de nós mesmos e da vida que determinam nosso comportamento!

Nosso resultado financeiro é apenas um reflexo de nossos pensamentos, de nossas emoções e de nossa energia.

#14: Não adianta quebrar o cartão sem quebrar o padrão!

O cartão de crédito geralmente é tido como o grande vilão da vida financeira. Se utilizado com planejamento e consciência, porém, na verdade ele pode ser um ótimo aliado.

#15: Parece difícil, mas é possível!

Não é simples se desfazer dessas travas. Não é uma receita pronta porque isso não existe, mas há um caminho que nos leva pra fora desses padrões. É esse o caminho que eu compartilho por aqui.

#PRAPENSAR

Quais dessas verdades fazem mais sentido para você?

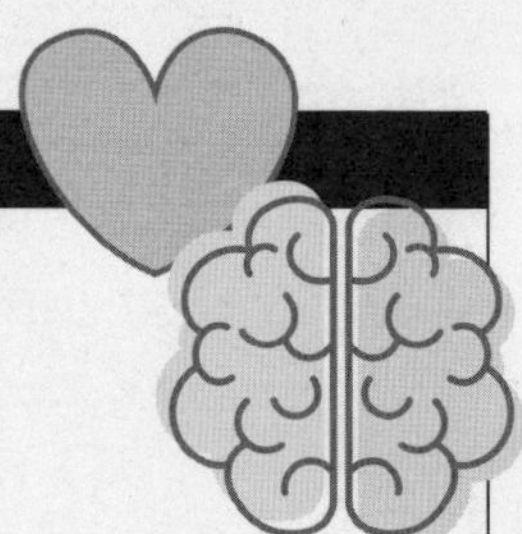

CAPÍTULO 8

ORGANIZANDO A BAGUNÇA

Vivemos oprimidos por pensamentos de privações e limitações. Não fomos ensinados a pensar além do nosso ponto de vista histórico. Ainda assim, somos muito mais do que apenas a soma total das nossas experiências. Existe uma verdade em cada um de nós que é mais profunda do que qualquer biografia da nossa vida jamais poderia dizer. Sim, somos muito influenciados pelos nossos antecedentes e pelas nossas experiências, mas definir a nós mesmos apenas por essas coisas é limitador demais.

Deborah L. Price

Somos uma geração que nunca nem ouviu falar sobre educação financeira. Não fomos educados financeiramente na infância. Não fomos instruídos sobre o que fazer com o dinheiro. Então, o dinheiro acaba virando ferramenta para pagar as contas, mas a vida como um todo fica sem realização. E a não realização, aquele sentimento de vazio, faz as pessoas buscarem o prazer imediato que as compras proporcionam. É um círculo vicioso.

Acontece que educação financeira não consiste em fazer planilha, como muitos afirmam, e sim em cuidar das emoções que nos levam a determinados comportamentos. Olhar para essas emoções, acolher, cuidar e ressignificar. Você precisa é entender o que realmente é importante para você, e não simplesmente seguir os modelos que a sociedade impõe. Aprender a priorizar, de acordo com o que faz sentido e, assim, trazer para a vida um pouco da sensação de realização. Afinal, quando priorizamos, conseguimos enxergar a luz no fim do túnel e traçar um planejamento possível e efetivo para realizar um sonho. Deixamos de apenas sobreviver e passamos a viver, paramos de tomar decisões em função do dinheiro e começamos a colocá-lo no lugar certo, em função das nossas decisões.

Você só precisa passar a enxergar o dinheiro de outra forma. É necessário entender que o sufoco de viver todos os meses com a corda no pescoço é comum, mas não é a única forma de lidar com o dinheiro; entender que manter as finanças em ordem nos tira um peso gigante e que, ao assumir o controle da parte financeira da sua vida, você assume o controle dela por completo. Afinal, o aspecto financeiro permeia todas as áreas da vida e é por isso que, cuidando das finanças, cuidamos da vida como um todo.

Porém, verdade seja dita: mudar dói. Dá medo. Leva tempo. Exige esforço. Exige determinação. Exige uma força maior do que a que pensamos ter. Acontece que saber exatamente o que queremos e manter o foco no nosso objetivo (e na realização que vem depois!) nos capacitar a fazer. É assim com o dinheiro. É assim com a vida.

Por isso, eu digo que, para mudar sua realidade financeira, você precisa dar apenas dois passos hoje: sair de um lugar de medo, ansiedade, angústia (e todos os outros sentimentos negativos) e passar a olhar para as finanças com o cuidado que elas merecem, tomando consciência de onde você está agora e do que precisa mudar, determinada a promover cada mudança que precisa ser empreendida na sua vida.

E isso é urgente e necessário. Afinal, a preocupação com o dinheiro está roubando nosso sono. Nossa saúde emocional. Nossos momentos em família. Nossa vida! Acreditamos que nosso lazer e nosso descanso têm a ver com gastos. Frequentemente trocamos realizações por alegrias passageiras que levam embora nosso dinheiro. Passamos mais tempo no trabalho para poder prover nossa família e nossos filhos com supérfluos dos quais não precisamos e perdemos noites de sono e saúde emocional nos preocupando com dívidas, dificuldades financeiras ou estratégias para ganhar mais dinheiro.

Muitas vezes perdemos momentos preciosos porque não conseguimos estar inteiras no momento presente. Estresse, preocupação, ansiedade são sentimentos que nos impedem de viver com plenitude. Quando algo não está bom em nossas vidas, todas as outras áreas sofrem as consequências e as finanças são um setor que afeta muito diretamente todas as outras, inclusive nossa energia, paciência e tempo de qualidade com nossa família, nossos filhos.

Mas não pode nem precisa ser assim. Os valores estão invertidos! Afinal, dinheiro nenhum no mundo vale mais que sua paz de espírito, sua harmonia familiar e sua saúde emocional. É por isso que melhorar o relacionamento com ele é o caminho para melhorar a vida por inteiro e, assim, estar verdadeiramente presente para o que realmente importa.

Vamos, então, a partir de agora, falar desse caminho para a mudança. Esse processo começou com o olhar para o passado e sua história de vida e segue agora organizando a situação presente. Nossa jornada chegará até o final, onde poderemos planejar nosso futuro. Mas, antes, tal qual um GPS, precisamos ter clareza do nosso ponto de partida. Afinal, como seria possível organizarmos um mapa sem antes saber onde estamos?

Antes de mais nada, eu preciso de que você tenha clareza do lugar de onde está partindo, de qual é seu ponto A, de qual é seu marco zero.

Algumas pessoas começam a organizar as finanças dizendo "ok, vou cortar gastos, vou cortar o cartão de crédito", mas não investigar o que está acontecendo naquele momento significa cortar o cartão sem cortar o padrão, percebe? Não se trata de com o quê ou quanto você gasta, mas do porquê que está por trás das suas ações. Com isso, será possível entender quais são as medidas necessárias para poder promover a desejada mudança.

Dinheiro é energia. Quando não o controlamos, ele nos controla. Então, aquela sensação de estar sempre refém da sua vida financeira, de nunca saber se tem dinheiro ou não, de nunca saber se pode ou não fazer algo, de nunca poder planejar com antecedência (afinal, você precisa saber se vai sobrar dinheiro)... tudo isso você poderá deixar para trás e passar a assumir o controle da sua vida.

Vamos fazer, então, o mapeamento das suas finanças. Que tal? Mas, veja, eu não estou falando apenas de números. Ao colocar tudo no papel, você vai conseguir entender o que está acontecendo, por que você está se comportando de certas formas e, assim, vai ser capaz de fazer a conexão com tudo o que lhe aconteceu e com as histórias que a trouxeram até aqui, entendendo quais são os padrões que você repete e por que você os repete. Com base nessa análise profunda, você poderá tomar decisões e fazer as mudanças necessárias para chegar ao resultado que deseja.

Não precisamos passar a vida toda fazendo planilhas e controlando cada centavo, mas esse controle financeiro que você vai fazer é simbólico e começaremos com ele para que você assuma uma posição na qual o dinheiro serve você, e não o contrário. Fazendo um mapeamento essencial da sua situação, um raio-X financeiro da sua vida, você vai poder tomar algumas medidas e decisões que promoverão mudanças necessárias. Eu prometo que você conseguirá fazer tudo fluir com muito mais tranquilidade.

Para fazer esse diagnóstico, não se prenda a uma planilha, a um aplicativo ou a algo muito complexo ou tecnológico (a não ser que goste, claro!). O mais importante é você encontrar o que funciona para você. Dito isso, a ferramenta dos quadrantes é a forma que considero mais fácil e visual de entender o seu momento financeiro atual. Nela, dividimos os gastos em quatro categorias:

- Fixos obrigatórios: gastos de sobrevivência fixos, que não mudam, como escola ou plano de saúde.

- Variáveis obrigatórios: gastos de sobrevivência que variam conforme o consumo, como mercado, combustível, farmácia, padaria.

- Fixos não obrigatórios: gastos que têm valores fixos, como mensalidades de academia, serviços de streaming, mas não são essenciais.

- Variáveis não obrigatórios: geralmente o grande ralo financeiro, ou seja, gastos pontuais não recorrentes, como lazer, delivery, passeios, restaurantes.

A ideia não é cortar gastos ou julgar com o que você está gastando, mas entender para onde está indo o seu dinheiro e qual é a sua prioridade: onde você está colocando mais dinheiro.

"Mas, Lucia, tenho muito medo do que vou encontrar. Já fiz isso várias vezes e não consigo." Sim, muitas pessoas se boicotam e se bloqueiam antes de fazer esse exercício justamente porque "o que os olhos não veem o coração não sente", mas o seu bolso sente (não esqueça). Mas sei que sua situação financeira terá muito mais chance de melhorar se você se permitir olhar para esses números. Confie em mim.

Caso sinta esse bloqueio, convido você a olhar para isso com carinho e tentar se desbloquear para colocar tudo no papel e fazer o mapeamento porque isso vai lhe permitir dar os próximos passos do caminho.

Vamos pensar nos seus gastos e em todas as saídas de dinheiro. Não se preocupe nem se julgue e, se sentir ansiedade ou desconforto, acolha sem focar neles. Agora, vamos apenas organizar a bagunça e, para isso, será necessário passar por todas essas questões. Por mais que seja difícil e dolorido, saiba que é para em seguida tudo ficar muito melhor, combinado?

Os quadrantes, apesar de serem bem simples – mais do que uma planilha, por exemplo –, tomam tempo.

Faça o exercício com muita dedicação e lembre-se de registrar minuciosamente os gastos do cartão de crédito porque ele não é uma categoria de gasto, mas uma forma de pagamento. Inclua também o que gasta em boleto e no débito.

A grande sacada dessa prática é diferenciar esses valores. Você pode descobrir que alguns que considerava fixos na verdade são variáveis, e 99% das pessoas não têm ideia do quanto elas consomem no variável não obrigatório e acabam tendo um grande susto quando descobrem!

Depois de escrever tudo e olhar para os seus quadrantes, responda:

- Qual é seu custo de vida?

- Ele é maior ou menor do que você imaginava?

- O que você sente quando vê escrito o seu custo de vida?

- Alguma palavra vem à sua mente? Seja bem sincera nas suas respostas.

Agora, olhando principalmente para o quadrante de variáveis não obrigatórios:

- Você consegue identificar um ralo financeiro, ou seja, para onde o dinheiro seu dinheiro escoa sem você perceber? Qual é?

Retorne ao que você escreveu nos quadrantes e reflita:

- Como você define a sua situação financeira?

- Quem é você financeiramente?

- Como você se descreveria?

- O que você pensa sobre si mesma, considerando tudo o que consegue observar?

- Você está satisfeita com o que descobriu e com a sua situação atual?

Considerando tudo o que viu até agora:

- O que você acredita que precisaria mudar na sua situação, no seu comportamento, no seu estilo de vida?

Ao analisar tudo isso, lembre-se de que a culpa olha para trás, para o que já foi e bloqueia. Já a responsabilidade olha para a frente, para o que pode ser, e liberta! Tenha em mente também as palavras de Marianne Williamson: "Quando nossa atitude é negativa, poucas oportunidades surgem. Mas isso não acontece porque as oportunidades não existem, e sim porque nossa atitude negativa nos deixa cegos a elas."

Não podemos falar de perspectiva de futuro sem olhar para o momento presente e entender as mudanças que precisam ser adotadas. Para isso, você precisa analisar sua situação financeira com olhos analíticos, não julgadores, e sem culpa ou depreciação. É necessário assumir a responsabilidade pelo fato de algumas das escolhas que você fez não terem sido conscientes e saber que você pode mudar daqui para a frente.

Volte aos quadrantes e reflita: qual é o sentimento por trás de cada gasto? Isso pode ser feito em duas etapas:

1. Qual é o sentimento que cada despesa gera em você? Tristeza, angústia, alegria?

2. Qual sentimento motivou cada gasto? Por exemplo: "isso eu comprei quando estava triste por causa de algo que aconteceu" ou "essa blusa eu comprei por impulso quando estava na internet".

Essa análise servirá para você entender se o que estimulou aquele gasto foi um desejo e faz sentido ou se você usou aquele recurso como válvula de escape ou ferramenta de compensação.

As pessoas costumam comprar para fugir de uma situação ("estou me sentindo angustiada, mas não quero pensar nisso") ou para compensar algo ("estou triste, vou comprar algo para me animar"). Em um primeiro momento, a compra gera prazer imediato, e, em seguida, frustração.

A análise é feita em duas etapas: qual sentimento gera o gasto e qual sentimento o gasto gera. A partir delas, é possível entender o que precisa ser mudado: tenho um ralo financeiro? Será que grande parte de meu potencial financeiro está desaparecendo pelo ralo da comida ou pelo de compras não necessárias para meus filhos, por exemplo?

Então, a análise a ser feita é: esses gastos são essenciais para a minha felicidade e da minha família e a nossa qualidade de vida ou estão nos afastando de tudo isso porque estão trazendo mais tensão, preocupação, ansiedade e angústia?

Esse olhar é, assim, uma autoanálise para você assumir a responsabilidade de analisar e entender o que já passou para mudar o que é necessário. Tudo isso trará a você muita luz e clareza para mudar o que precisa para alcançar a vida financeira que deseja.

É claro que não é simples mudar hábitos de uma vida; alguém sedentário que decide começar a fazer exercícios não vai virar uma pessoa superativa de uma hora para outra e se exercitar todos os dias. Essa mudança, ao contrário, precisa ser gradual e sustentável.

É preciso que você entenda como funcionam os pensamentos e sentimentos na sua mente e, com base neles, respeitar suas limitações e seu próprio ritmo para que essas mudanças aconteçam com o tempo e sejam duradoras. Caso contrário, será como aquela dieta que você faz por um mês e depois tem o efeito rebote: começa a comer tudo o que vê pela frente. Essas mudanças devem ser simples e implementadas de forma suave.

Para isso, você precisa se conectar com o porquê da mudança. Quais são os valores que motivam você a mudar? Que valores são essenciais para a sua felicidade? Conecte-se com tudo o que é importante para você, com o que é fundamental. São esses valores que nortearão as suas escolhas e decisões, inclusive para traçar planejamentos para um futuro que realmente faça sentido para você. São esses valores que vão motivá-la no caminho.

Um exemplo: para mim, Lucia, um valor é conhecimento. Isso quer dizer que, toda vez que preciso escolher entre fazer mais um curso ou comprar uma roupa nova, sempre priorizarei o curso. Meus filhos estão precisando de roupa, mas também de livros novos: vou comprar vários livros novos e uma roupa. É o tipo de decisão que eu tomo com base nos meus valores, de forma que fica claro para qual caminho devo seguir. Não vou me desorganizar comprando ambos, livros e roupas, e gastando mais do que tenho; vou decidir em que colocarei meu foco de energia, para que lugar vou direcionar meu dinheiro, qual é a minha prioridade no momento. Os valores sempre nos ajudam a definir essa prioridade e, consequentemente, a mudança necessária.

Como é isso na prática? Por exemplo, eu sei que comida não é um dos meus valores, mas viajar é, uma vez que tenho fortes valores em relação à liberdade, ao conhecimento e à cultura. Ao olhar para o meu quadrante, vejo que faz dois anos que não viajo, mas estou gastando muito dinheiro com idas a restaurantes e com delivery. Fica fácil entender qual é a mudança necessária: preciso reduzir os gastos com comida com objetivo de poder guardar e viajar.

Os valores, enfim, são a base para você definir o seu planejamento, como falaremos adiante, e tomar as decisões no momento presente com relação às mudanças que você precisa fazer. Para realizar essas transformações de maneira suave, mas consistente e sustentável, é preciso de fato se conectar com esse porquê. Por que você quer mudar? No exemplo dado, a mudança é motivada pelo meu desejo de viajar. Para você, pode ser fazer um investimento para o futuro dos seus filhos. Quando você se conecta com o seu porquê, fica mais fácil abrir mão de algumas coisas no presente, fazer algumas mudanças e conseguir os resultados que você quer.

PRÓXIMOS PASSOS

Listar seus gastos, por si só, ajuda pouca coisa.
Sua planilha deve ser periodicamente revisada
para que o aprendizado do cotidiano seja agregado (...).
Ao fazer isso, é inevitável obter melhorias contínuas.

Gustavo Cerbasi

E como implementar com consistência e sustentabilidade, então, essas mudanças que você conseguiu definir? Como agir para que elas não sejam paliativas, mas sim duradouras, efetivas e geradoras de resultados reais? Aqui vão algumas dicas:

Falar sobre dinheiro

Ao tentar desbloquear a trava de falar sobre o dinheiro, traga esse tema para o seu dia a dia com naturalidade e leveza. Por exemplo, se você partilha as finanças, é importante que todos os envolvidos conversem sobre o assunto para que tenham um panorama contínuo do que está sendo gasto e não concentrar tudo apenas nos dias de pagamento, o que pode gerar atritos porque, por exemplo, a conta estourou ou faltou mais inteligência emocional para lidar com um imprevisto.

Disciplina e consistência

A chave para a mudança na maioria das vezes está na consistência, por isso é preciso persistir quando iniciar uma mudança até que seu cérebro entenda que aquele é um comportamento do qual você gosta. Assim, não é possível exercer a mudança por um mês e depois parar três. Se você quer a mudança, precisa mudar seus hábitos, e isso requer disciplina, regularidade e consistência.

Analisar e comparar seus gastos

A planilha não salva a vida de ninguém, mas é uma ótima ferramenta de análise e de projeção. No momento em que estamos usando a planilha e os quadrantes para análise, é interessante olhar para alguns de seus quadrantes de alguns meses atrás: o que mudou? Por que neste mês desandou? Onde está o ralo hoje? O que você pode fazer de diferente? Como você pode voltar a ter aquele resultado que atingiu alguns meses atrás? Um panorama mais integral de alguns meses é um bom mapa para entender seus padrões.

É interessante, inclusive, observar oscilações externas: vivemos em um país de inflação! Já observou o quanto você gastava de mercado há três, seis meses e o que gasta hoje? Será que é só questão de não ter feito lista e não ter se planejado na hora de ir ao mercado? Se você é empreendedora, é essencial saber de tudo isso, inclusive, para precificar seu produto. Quando falamos de organização financeira e de planejamento de futuro, precisamos levar tudo isso em consideração.

Esse processo de planilhas e quadrantes não é uma prática que se faz apenas uma vez e se esquece: sua vida financeira está nelas e a vida muda conforme o contexto em que você se encontra. Sendo assim, é muito importante renová-las periodicamente, fazendo análises, comparações e ajustes. Sempre que for fazer mudanças, lembre-se dos seus valores e do seu porquê, mas, quando for difícil implementá-las, conecte-se com o que você vai colher lá na frente. Ao plantar a sementinha agora, não se preocupe com o fato de que vai sujar a mão na terra ou com o tempo que a semente pode levar para germinar; foque nos frutos que você deseja colher dessa árvore, com a sombra que ela vai produzir para você e sua família – é isso que vai ajudar você a ter a força no momento presente para implementar as mudanças necessárias.

Escolhas

Quando for definir entre duas opções de ação, o primeiro passo é resgatar seus valores e o segundo, focar em sua qualidade de vida. Por quê? Porque, ao sair cortando gastos sem ter esse olhar qualitativo, muitas vezes você acaba se privando de lazer e de autocuidado, o que não é sustentável em médio e longo prazos.

Por exemplo, o ideal seria cortar a academia mesmo se você precisa se exercitar para manter o bom funcionamento do seu corpo e os seus índices saudáveis e ter realmente mais disposição e energia para lidar com suas atividades? Não é porque a academia é considerada um gasto "extra" que pode ser cortado. Você precisa analisar essa decisão dentro do seu contexto e considerando os seus valores, focando na sua qualidade de vida sempre que possível.

Para seguir nesse caminho, a partir de agora, cada escolha que você fizer precisa ser pensada e planejada, ponderando as consequências de cada movimento realizado. A chave é pensar no momento presente e tentar honrar as melhores escolhas para um futuro próximo. Por exemplo: tenho dinheiro para comprar isso agora? Se sim, questione-se: se eu comprar isso, vou deixar de guardar esse dinheiro na reserva da tranquilidade, na reserva das possibilidades ou na reserva para aquela viagem com a família?

Um exemplo da não ponderação das consequências é quando, na hora de comprar um carro, a pessoa foca no veículo que quer, mas se esquece de que um carro mais caro tem também o seguro, o IPVA, a manutenção, as peças, ou seja, tudo mais caro. É preciso pensar, nesse caso, nas consequências que vão além do preço pago por um objeto.

Mudanças efetivas

O ser humano naturalmente não gosta de mudanças nem de restrições. Isso é fato. Toda vez que pensamos em cortar gastos, a reação é travar. Para isso, existem algumas técnicas de psicologia econômica que nos ajudam a fazer mudanças duradoras de verdade. Trago essas técnicas resumidas a seguir:

Remover os obstáculos

Se você chegou até este ponto da leitura, imagino que já tenha feito seus quadrantes. Se não gostou ou não fez, não precisa se preocupar, porque eles não podem ser a desculpa para você não cuidar do seu dinheiro. O movimento, então, tem a ver sobretudo com encontrar uma ferramenta que faça sentido para você: caderninho, folha sulfite, aplicativo, planilha... Entenda, enfim, o que está atrapalhando você nesse momento e remova esse empecilho da sua vida! Ela pode ser mais leve. Pode acreditar.

Ativar a recompensa

Para quebrarmos hábitos de anos e instituir um novo, precisamos ativar a recompensa. Recompensar-se por cada passo no caminho é importante. Não adianta você esperar o dia de comprar um carro para validar seu esforço – você precisa fazer isso no cotidiano, precisa recompensar-se cada vez que se propuser a economizar cinquenta reais no consumo em restaurantes ou lazer, por exemplo. Assim, você manda um estímulo para o cérebro entender que esse esforço que está sendo feito está valendo a pena e está sendo validado e reconhecido. Caso contrário, sua mente vai tentar se livrar desse esforço de todas as maneiras. Esse padrão lhe parece familiar?

Ativar lembretes

Enquanto esse cuidado com o dinheiro não for um hábito para você, coloque um lembrete no seu celular ou na agenda para os dias em que precisa pagar contas, receber algo e fazer a síntese do mês ou do semestre, por exemplo. Com a consistência e com a rotina, aqueles eventos vão sendo internalizados e você não corre o risco de se esquecer do compromisso consigo e de quebrar o que está sendo construído para sua mudança.

Monitoramento

Ajuda muito ter o acompanhamento de alguém a quem você vai prestar contas, ou seja, alguém que vai ajudá-la a seguir a jornada, compartilhando informações e instruindo ações, como o corte de custos em determinada categoria. Essa pessoa pode ser o(a) companheiro(a), um familiar, um(a) amigo(a)... Se você não tiver com quem compartilhar sem julgamentos, é importante ter um mentor ou mentora e, nesse caso, conte sempre comigo para fazer isso no dia a dia e monitorar cada passo para você não se boicotar, não se acomodar nas desculpas e se sentir, sim, comprometida. A sensação de que "devemos satisfação" a alguém ao caminhar em direção a um futuro próspero ajuda muito a manter o ritmo e a constância.

#PRAPENSAR

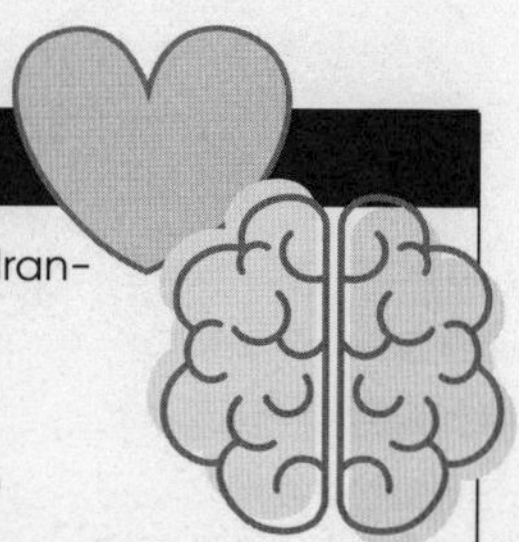

Após classificar seus gastos nos quadrantes, responda:

- Qual é o seu custo de vida mensal?

- Qual é o seu sentimento ao ver esse valor?

- Como você se sente analisando os gastos não obrigatórios?

- Quanto você poderia/gostaria de economizar?

CAPÍTULO 9

COMPRO, LOGO EXISTO?

Nenhuma blusa nova vai deixar você mais linda.
Nenhuma calça nova vai deixar você mais "fit".
Nenhuma bolsa nova vai dar a você a sensação de pertencimento.
Nenhuma comida vai tirar sua tristeza.
Nenhuma entrega vai fazer você se sentir amada.
Porque nenhuma compra vai suprir uma necessidade que é emocional!

Lúcia Stradiotti

O que está por trás das nossas decisões de compra? E aqui não estamos falando só das compras de coisas supérfluas, mas também das compras essenciais. Por que cedemos tanto aos estímulos externos? Por que não conseguimos nos planejar? O que está nos influenciando na hora de tomar uma decisão? Vamos falar sobre isso neste capítulo.

Para entender o funcionamento do nosso cérebro e explicar nossos comportamentos de compra, eu vou trazer um pouquinho de neurociência e de psicologia para a nossa conversa. Antes de entrar nesse aspecto, porém, eu quero falar sobre o que está acontecendo conosco, com o mundo de hoje, e te mostrar de que forma o consumo não consciente tem impactado seriamente a nossa vida.

Alguns dados são alarmantes: apenas 28% dos brasileiros consomem com consciência. Isso quer dizer que os outros 72% simplesmente não têm consciência do que estão consumindo. Compram sem planejamento nenhum, acabam comprando muito mais do que precisam e acabam gastando um dinheiro que não têm. Todos esses dados se somam ao fato de que cerca de 62% dos brasileiros hoje estão endividados. Com tudo isso em mente, a grande questão é: comprar o que não precisamos com o dinheiro que não temos tem raiz na falta de consciência.

Devo dizer, ainda, que o consumo consciente é apenas uma parcela do que chamamos de consumo inteligente, ou seja, um número menor ainda de pessoas consome com inteligência. Falaremos mais a esse respeito, mas o consumo inteligente vai mais além do consumo consciente.

Perceba: comprar coisas de que não precisamos acaba por provocar um impacto significativo no meio ambiente também, já que um terço do que se compra vai direto para o lixo. Pode ser que isso não fique tão claro aí na sua casa, uma vez que estamos falando de uma média geral da população, mas comece a perceber, a partir de agora, alguns sinais de desperdício. Quantas coisas você compra e não usa? Quanta comida descarta? Quantos brinquedos dos seus filhos acabam sendo descartados ou ficam encostados depois de certo tempo de uso? Comece a prestar atenção nisso; esses dados são mesmo assustadores.

Outro dado sobre consumo não consciente aponta que 52% das pessoas compram assumidamente por impulso. Agora você pode estar pensando: “Ah, mas eu não sou consumista. Eu não consumo em exagero. Não faço parte desses números”. Ainda assim, há uma diferença entre consumir com inteligência, consumir com exagero e ser consumista. São três coisas diferentes, e o meu propósito é ajudar você a consumir com inteligência. Essa é a nossa meta por aqui.

O que você está percebendo de errado na sua vida financeira? Quais são os sintomas das dores que você sente aí no dia a dia?

Onde está o dinheiro que estava aqui?

O primeiro sintoma é seu dinheiro de repente desaparecer, sumir. Talvez não seja todo mês e nem todo o dinheiro, mas você já teve a sensação de não saber para onde vai o dinheiro? Ou já sentiu que ganha um valor considerável, e muito desse dinheiro simplesmente some durante o mês? Isso pode ser um sintoma.

Xi! Comprei, mas não usei!

Outro sintoma é comprar coisas que acabam encostadas e inutilizadas, para você ou até para as crianças. Aquelas roupinhas que nem deu tempo de usar porque seus filhos cresceram, por exemplo! Pare para pensar um pouquinho se isso acontece aí na sua casa ou no seu núcleo familiar.

Ui! Que susto (in)esperado!

Outra coisa que pode estar acontecendo é você se assustar com a fatura do cartão no final do mês. É aquela velha história: em teoria, você compra com consciência, achando que pode pagar, que a parcela está pequena, mas a fatura chega ao final do mês e você leva um susto. Isso é sinal de compra sem consciência, sem planejamento. Por mais que você ache que está no controle, isso é um sinal de que não está tão consciente assim.

Talvez você não tenha cartão de crédito, mas acontece a mesma coisa com seu fundo bancário no fim do mês: “Como assim o mês ainda não acabou, e o dinheiro já? Para onde ele foi?”. Neste ponto, voltamos àquele primeiro sintoma destacado aqui.

Quem veio primeiro: a culpa ou a compra?

Outro sintoma é sentir culpa, ansiedade e frustração cada vez que olhamos para nossas contas. Qual é o seu sentimento no fim do mês? Está desesperada esperando o mês seguinte para, então, entrar mais dinheiro? Ou está agindo com proatividade? Está conseguindo guardar dinheiro e realizar suas coisas?

Corre-se o risco de cair numa bola de neve por conta da frustração e dos sentimentos ruins. A falta de dinheiro, o gasto por impulso e o consumo não consciente acabam acarretando um efeito "ressaca". A pessoa compra, sente-se feliz num primeiro momento, e depois fica triste, frustrada, decepcionada e envergonhada. Então, isso nos faz buscar um alívio imediato. Você está se sentindo mal, quer se sentir bem e encontra um alívio nas compras. Compra alguma coisa, logo se arrepende e começa a se sentir mal novamente. A bola de neve está instalada, percebe?

Pensando bem...

Muita gente que me procura pedindo ajuda está em um ponto de endividamento que já virou uma bola de neve. A cada mês, acumulam-se mais juros e fica cada vez mais difícil sair desse buraco. Eu costumo falar que não entrar na dívida exige algum esforço, mas é muito mais fácil do que sair dela depois. Se você está vivendo uma situação de bola de neve – e talvez até saia dela algumas vezes, mas eventualmente cairá nela de novo –, é mais um sinal de que há algo errado e precisamos cuidar disso.

Esses são os sintomas mais evidentes de que você não está consumindo com inteligência, mas preciso falar também que há alguns outros sintomas secundários ou as consequências desses hábitos em médio e longo prazos.

Uma consequência comum é a falta de realização. Começamos a perceber que ganhamos dinheiro, até temos um poder de compra legal, mas chega ao final do mês ou do ano e, mais uma vez, não conseguimos realizar o que queríamos. "O meu sonho é ter minha casa, meu carro, fazer uma viagem com a família, e eu não consigo fazer isso. Por que outras pessoas conseguem, e eu não? Por que fulano, ganhando menos, consegue e eu não?". Esse ciclo de comparação nos frustra cada vez mais e sentimos o peso da falta de realização na nossa vida.

Muitas vezes, ainda, não temos sonhos definidos, mas a falta de realização pesa porque não sentimos a alegria, a leveza e a tranquilidade de quem está no caminho certo justamente por não pararmos para pensar no que queremos de verdade.

Outra consequência comum é a baixa autoestima, associada à relação entre dinheiro e autovalor. A partir do momento em que seu dinheiro está desorganizado e você não consegue realizar alguma coisa, automaticamente você se sente mal, envergonhada, com a autoestima baixa. Não consegue conversar sobre isso com as amigas nem com o marido, e isso vai gerando um buraco cada vez maior.

Esse tipo de situação impacta a saúde emocional, abala a qualidade de sono, gera ansiedade e acarreta prejuízos psicológicos muito grandes, causando efeitos também nos relacionamentos. A questão financeira vem sempre para a pauta nas discussões e acaba gerando estresse porque o problema financeiro mexe com o humor, tira a paciência, nos deixa mais irritados e provoca brigas constantes. Isso influencia na harmonia familiar e na relação com os filhos, por exemplo, que também são envolvidos nessa bola de neve e podem começar a repetir o nosso padrão de comportamento.

Além de tudo isso, há a questão do desperdício do potencial financeiro.Talvez você não esteja endividada, mas pode estar desperdiçando um potencial financeiro para realizar algo maior. Às vezes, você acredita que tem a ver com a falta de realização, mas nem tenha se dado conta de que tem um alto potencial financeiro para realizar muito mais e está, na verdade, jogando dinheiro no ralo mês a mês.

Por fim, mas não menos importante, existe o impacto no meio ambiente. Como já indicamos, um terço do que consumimos vai para o lixo, e muito desse lixo não é reciclável e os impactos que estamos gerando são irreversíveis.

Pensando em tudo isso, será que estamos realmente fazendo as escolhas certas? Será que estamos consumindo com inteligência?

"Tá bom, Lúcia, me identifiquei com tudo, mas e agora o que eu faço?"

Agora, vamos dar um importante passo para reverter essa situação: entender a causa dos seus problemas.

POR QUE ISSO ACONTECE?

Por que a gente consome da forma como consome? O que está por trás do consumo? Como o nosso cérebro funciona? As respostas para essas perguntas podem nos ajudar a entender o que acontece e a encontrar os mecanismos para estabelecer na prática o consumo inteligente.

A primeira coisa a destacar é que nosso cérebro, apesar de ser uma estrutura única, atua como se tivesse dois lados, um emocional e outro racional. O lado emocional é o mais "quente", mais rápido, enquanto o lado racional é mais "frio" e mais lento.

O que acontece, por exemplo, quando estamos andando em uma loja e vemos algo que queremos comprar? É como se o lado racional estivesse dormindo, quietinho, silenciado. Ele ainda não ligou, não ativou o que é necessário para pensar a respeito daquilo. Então, acabamos literalmente agindo sem pensar, pelo inconsciente, que é uma força maior dentro de nós que acaba cedendo aos estímulos externos. Compramos por impulso, movidos por essa ação emocional do cérebro.

Nesse momento da compra, nosso cérebro libera dopamina e sentimos aquela sensação de prazer, de que é gostoso comprar. Só que, até chegar em casa, muitas vezes já deu tempo de se arrepender. Isso acontece porque a porção racional do cérebro, que é mais lenta e mais fria, desperta e vai ponderar a decisão de ter comprado determinada coisa. É por isso que, muitas vezes, nós nos sentimos muito bem quando compramos algo, mas logo depois vem o efeito ressaca de não entender por que fizemos isso.

O pior é que isso acaba virando um círculo vicioso, e caímos naquele sintoma da bola de neve novamente. Isso acontece porque se sentir mal, ansiosa, angustiada e frustrada por comprar alguma coisa faz nosso cérebro ativar o desejo de alívio e prazer. Então, acabamos cedendo mais uma vez, buscando nas compras um alívio. Procuramos aquela mesma sensação de prazer que a dopamina provocou e vamos comprar de novo.

Nosso cérebro se vicia na sensação de prazer imediato. A frustração e os sentimentos ruins acabam fazendo o lado emocional do nosso cérebro sobressair buscando esse alívio e nos desconectando totalmente do que queremos realizar de verdade. Esse círculo vicioso consome nosso potencial financeiro e impede de realizarmos algo maior, algo que realmente faça mais sentido para nós.

Um dos motivos que nos faz cair nisso é a falta de clareza do que queremos de verdade. Por isso, pensar no que você quer para a vida e se conectar com seu desejo é muito importante. Traçar um planejamento financeiro também é essencial para que se mantenha no caminho e consiga se controlar. Neste ponto, você pode pensar: "Ah, não é não, porque eu já fiz um planejamento e não consegui manter o controle". É porque, muito provavelmente, o seu planejamento financeiro não foi feito da forma certa. Volte alguns passos e refaça seu plano de acordo com as coordenadas deste livro, combinado?

Lembre-se: o planejamento financeiro precisa vir de dentro, você precisa ter clareza real do que quer para sua vida, do que valoriza, daquilo que é importante para você e para sua família. Esse planejamento também precisa ter uma conexão com o seu emocional, afinal, na maior parte do tempo, é essa parte do cérebro que está agindo. Se você fizer o contrário, isto é, se acabar montando apenas um planejamento racional (muitas vezes seguindo os estímulos externos), você não conseguirá se conectar com o cronograma estabelecido e, por consequência, não conseguirá levá-lo adiante.

Portanto, equilibrar o racional e o emocional na hora de pensar o nosso planejamento é importante porque nos impede de cair na armadilha da autoenganação e da autossabotagem. Quer ver como? Por exemplo, pode ser que você tenha crescido ouvindo que precisa de uma casa própria ou de estabilidade, então coloca no planejamento que quer uma casa própria. No fundo, porém, isso não faz o menor sentido para você, não tem um apelo emocional para a sua vida, porque você não acha que é a casa própria que vai trazer a felicidade, e sim a condição de fazer várias viagens com sua família. Nesse caso hipotético, seu planejamento não está em sintonia com o que você realmente quer, o que faz você sempre acabar cedendo ao seu lado emocional. O desequilíbrio, o excesso do lado emocional, então, acaba dificultando sua verdadeira conexão com o planejamento, que é o que vai manter você nos trilhos.

Perceba como é importante tudo estar conectado para as coisas saírem do jeitinho que a gente quer. Quando falamos de financeiro, precisamos ter esse olhar global, pensar no que queremos realizar lá na frente, trabalhar nossas pequenas metas, entender nossa situação presente e entender o funcionamento do nosso cérebro para que possamos atuar e driblar essas questões que consideramos irreversíveis, mas não são.

Além disso, nosso padrão mental e as crenças que adquirimos ao longo da vida interferem muito no nosso poder de decisão. Se, por exemplo, toda vez que você estava triste, seu pai ou sua mãe te davam alguma coisa, você associa que, para aliviar a tristeza, precisa de algo novo, então acaba buscando isso nas compras. Esse aspecto reforça de novo a procura de alívio, prazer, aconchego e conforto por meio das compras, por exemplo.

Isso não acontece só com o ato de adquirir coisas e se aplica também à comida. A forma como nos relacionamos com o dinheiro é muito próxima da forma como nos relacionamos com os alimentos. Pode ser que, pensando nesse exemplo, fique mais claro para você o padrão do círculo vicioso.

Se você se propõe a fazer dieta, mas isso não tem apelo emocional, você está, na verdade, se podando. "Ah, eu preciso emagrecer porque não estou bem assim". Perceba que não é por amor que você se conecta com essa mudança, mas justamente pela dor da insatisfação. Aí você começa a dieta, mas, na primeira oportunidade, naquele dia em que está se sentindo mal, cansada, frustrada, de TPM, você vai lá e come um brigadeiro. Na hora, isso vai provocar uma sensação gostosa, mas em pouco tempo você vai pensar "nossa, eu não deveria ter comido isso" e acabar se arrependendo. Com o arrependimento, vem a frustração, a tristeza e a baixa autoestima, então você busca novamente algo para suprir a necessidade de prazer imediato e volta para uma relação desequilibrada com a alimentação. Há muitas outras coisas que podem acabar nos colocando em um círculo vicioso; a comida e as compras são só alguns exemplos do que pode acabar se tornando uma válvula de escape.

Voltando à questão do dinheiro, em muitos casos, nosso cérebro o entende como ferramenta de compensação. Às vezes, o que você está precisando nem é material, não é algo que o dinheiro vai de fato proporcionar. Você pode estar precisando descansar ou tirar um tempo com sua família, e não comprar alguma coisa, mas a compra dá a você aquele alívio imediato para o que está sentindo. Essa forma do nosso cérebro agir é o que nos faz buscar erroneamente um alívio nas compras e não trazer para a consciência o ato de comprar, por exemplo.

Mas como é que eu faço isso? Como é que eu trago o ato de comprar para a consciência? Como é que eu traço um planejamento conectado com o que me faz feliz de verdade? Como vou trazer mais realização para minha vida?

Vou explicar tudo isso, mas, primeiro, eu quero que você busque entender como seu cérebro funciona e perceber o quanto esses estímulos externos fazem você ceder ao desejo de comprar. Comece a perceber se você está comprando em momentos em que está se sentindo mais triste, cansada ou merecedora por ter trabalhado muito e achar que precisa de uma recompensa. Comece a prestar atenção em tudo isso, e essa consciência vai ajudar você nos próximos passos.

OS BENEFÍCIOS DO CONSUMO INTELIGENTE

Quando falamos de consumo inteligente ou consumo responsável, estamos falando daquele consumo em que realmente conseguimos trazer o ato da compra para a consciência, pensando naquilo que estamos fazendo e olhando não só para aquele momento, mas também para outros momentos da vida. Conseguimos visualizar as consequências das nossas escolhas de forma pontual, em curto prazo, mas também em médio e longo prazos.

Quando praticamos o consumo com consciência, a partir de um planejamento bem-feito, não nutrimos mais o ato de comprar como válvula de escape, como tentativa de suprir algo, de seguir um padrão ou de ceder a estímulos externos.

Quando compramos com inteligência, com consciência e com responsabilidade, estamos cuidando de nós mesmas. Estamos, em primeiro lugar, olhando para o que realmente faz sentido. O consumo inteligente é esse convite para olhar para dentro e entender o que de fato valorizamos na vida. Por que é que algumas coisas chamam tanto a nossa atenção? Por que é que compramos algumas coisas e depois nos sentimos mal? Por que, mesmo com tantas coisas, chegamos ao final do mês ou do ano com a sensação de que ainda não conseguimos realizar o que queríamos? De onde vem esse vazio?

Essa prática do consumo com inteligência nos convida a olhar para essas questões. Isso trará impactos positivos, e o primeiro deles será no bolso, já que começaremos a economizar. Falar em economizar não significa parar de gastar, e sim entender para onde está indo o dinheiro realmente e colocá-lo nas coisas certas.

O segundo impacto será em você, na sua parte emocional, na sua autoestima, na sua realização. O seu senso de controle a leva a não experimentar mais a frustração de ter caído de novo na armadilha da bola de neve ou de ter se enrolado no cartão de crédito. Pelo contrário, você passa a ter uma sensação de poder, passa a ter capacidade de se controlar, e isso é muito bom.

O terceiro impacto é nas pessoas à sua volta. Sua família, as pessoas que moram com você, seu marido e seus filhos vão ser diretamente impactados por seu consumo inteligente. Além de sobrar mais dinheiro, suas escolhas inteligentes vão permitir que vocês foquem o potencial financeiro na realização de sonhos, de modo que você dará um exemplo ao seu marido e aos seus filhos.

Assim, o impacto que começa lá no bolso passa por você e por sua família e vai impactar, por fim, o planeta que vivemos. Falar do consumo inteligente é também trazer a questão do consumo consciente, aquele em que você pensa nos impactos que suas escolhas trazem para o planeta.

Não se trata apenas de deixar um legado para os filhos, mas de deixar um planeta para que eles tenham onde viver quando crescerem. Trata-se realmente de cuidar. Será que o material que você está escolhendo vestir ou comprar é o melhor material possível mesmo? Será que o fato de comprar todo mês uma coisinha na verdade não provoca um desperdício? Por mais que você pense "eu posso doar essa roupa depois", você ainda está aumentando a demanda da indústria por mais produção e mais materiais estão sendo utilizados.

Quando falamos de consumo inteligente, estamos, na verdade, trabalhando quatro esferas: a primeira, a esfera material, que é sua vida financeira; a segunda, a sua vida emocional, porque é óbvio que a sua vida financeira e as suas escolhas têm um impacto grande nesse setor; a terceira é a esfera familiar e, por último, a global, ou seja, nossa responsabilidade para com o planeta.

VIRANDO A CHAVE: O QUÊ × POR QUÊ

A primeira coisa que precisamos fazer para começar a cuidar da compra descontrolada, feita de maneira não consciente e não responsável, é justamente entender por que compramos.

A questão aqui não é tanto o quê compramos, mas por que o fazemos. Quando começamos a nos questionar sobre isso, vai ficando claro que muitas vezes caímos em desculpas esfarrapadas para comprar alguma coisa de que não precisamos de fato. Como costumo dizer, muitas vezes nem temos dinheiro para isso e acabamos consumindo todo o nosso potencial financeiro e caindo naquele círculo vicioso de que já falamos.

Por isso, também é importante entender quais são as crenças e os sentimentos que imperam por trás das nossas emoções no momento da compra. Um bom exercício para identificar isso é começar a alimentar uma lista de desejos. Mas veja, não se trata de fazer uma lista comum, de simplesmente começar a anotar tudo que você quer! É preciso dividi-la em algumas categorias e subcategorias.

A primeira coisa a fazer é colocar na lista o que você quer e o que você precisa. Sempre que sentir que precisa ou quer comprar algo, você vai identificar se se trata de um desejo ou de uma necessidade.

Depois de fazer isso, você vai dividir a lista e indicar o que quer e por que quer, e do que precisa e por que precisa. Então, tanto para o querer quanto para o precisar, existem duas categorias: o quê e por quê.

É interessante fazer esse exercício, pois começamos a perceber algumas coisas, principalmente relacionadas ao item “preciso”. Por exemplo, preciso de uma calça para meu filho. Por quê? Porque ele cresceu, a calça dele não serve mais e está chegando o inverno. Ok, justificativa plausível, faz sentido. Outro exemplo: quero comprar uma roupa nova. Por quê? Porque eu tenho um aniversário para ir e não tenho roupa. Será que você não tem mesmo ou isso é algo que está aí dentro fazendo você acreditar que precisa dessa roupa nova para se sentir bem? Percebe a diferença? É justamente essa a ficha que precisa cair para começarmos a cuidar das questões financeiras.

Quando começamos a perceber que os itens que mais somos levados a comprar não têm justificativa plausível, há ali um sinal de que estamos caindo em uma grande cilada emocional e, então, é preciso cuidar não só do sintoma, mas da causa. Não basta falar "não vou mais comprar"; é preciso entender a causa disso para você realmente ter uma mudança efetiva e duradoura na sua vida. Não adianta falar que não vai comprar nada pelo próximo mês e, depois disso, cair no efeito rebote de querer comprar muito mais para compensar. A ideia é entender o que está por trás dessa compra, o que a está motivando.

Também precisamos fazer algumas reflexões em relação às crenças que estão imperando no contexto. Quando você pensa "quero comprar uma roupa nova", muitas vezes, coloca esse "querer" do lado destinado ao "precisar", o que é mais uma armadilha da sua cabeça. Se você pensa em comprar uma roupa nova porque tem um aniversário para ir e não tem roupa para o evento, existe algo dentro de você dizendo que só vai estar bem para ir a este aniversário se tiver uma roupa nova. É interessante entender qual crença está dizendo isso. Onde é que está de fato o buraco dentro de você? Será que o problema vai se resolver com uma roupa nova ou será que há algo que precisa ser feito para você se sentir melhor, cuidar da sua autoestima e do seu autovalor?

Quando fazemos essas reflexões sobre as crenças, fica mais fácil entender por que agimos de determinada forma e, assim, conseguimos cuidar desse comportamento. Não estamos falando de um efeito paliativo, de algo pontual. Nosso objetivo é alcançar uma mudança realmente efetiva e duradoura, combinado?

NECESSIDADE × DESEJO × IMPULSO

Agora vamos falar um pouquinho da prática, de como ativar o lado racional do cérebro e trazer para a consciência o ato de comprar, que geralmente é tão inconsciente e determinado pelos nossos pensamentos e emoções. O que fazemos para trazer isso para a consciência?

Uma coisa importante é praticar o estado de presença, isto é, lembrar-se de estar presente no ato da compra, de sair do automático. Se você perceber que está no automático, que sua cabeça está em outro lugar, é melhor parar, porque essa compra não vai ser feita de maneira inteligente.

Também é importante compreender que existe a necessidade, o desejo e o impulso. A necessidade está associada ao que precisamos comprar e, em relação a essa modalidade de compra, muitas vezes não pensamos muito. Algumas coisas são até mesmo emergenciais e não há como fugir daquele gasto. No entanto, na medida do possível, é importante pensar e se planejar para os gastos de necessidade, que são aqueles realmente obrigatórios, de sobrevivência, aqueles em relação aos quais não temos para onde correr mesmo. É normal, nesse caso, não ponderar tanto, porém é importante pesquisar, saber a melhor forma de aquisição, definir o modo de pagamento e não se esquecer nunca de incluir isso no planejamento, principalmente se for uma compra parcelada para os próximos meses.

Além do que precisamos, existem as coisas que queremos. O desejo não é necessariamente um impulso, mas não é algo de que nós necessitamos, e sim de algo que desejamos. Às vezes vamos comprar alguma coisa que nos faz bem, que queremos muito porque vai nos trazer algum tipo de realização, felicidade, alegria, satisfação, bem-estar. Tudo bem gastar com esse tipo de coisa, mas nessa hora é importante ligar a chavinha da consciência, fazer essa compra de forma consciente e, na medida do possível, planejada.

Quando vamos comprar alguma coisa por desejo, muitas vezes os gastos são adiáveis, não são tão urgentes. Não estamos falando aqui das necessidades do dia a dia e das emergências, então, se der para adiar, pense: qual a melhor forma de pagar? Quando vai ser melhor ter esse gasto? Será que é melhor juntar o dinheiro e comprar à vista? É importante sempre fazer essa ponderação.

Nem sempre o desejo nos leva a comprar por impulso. Precisamos lembrar que o gasto por impulso, que é a última instância, ocorre quando realmente não estamos presentes e é nesse momento que a nossa luzinha interior deve acender. Você tem de estar atento ao que está acontecendo e aos gatilhos que a estão levando a gastar.

SEIS DICAS PARA EVITAR COMPRAR POR IMPULSO

Como podemos trazer, então, o ato de comprar para a consciência? Eu vou compartilhar seis passos simples para você adotar no seu dia a dia e reverter, assim, os gastos por impulso.

O primeiro é manter a lista do quero e preciso, para condicionar o nosso cérebro aos bons hábitos. Ao nos atermos à lista, rompemos com aquele velho hábito de simplesmente comprar sem planejamento. Então, o que eu quero? Do que eu preciso? Por que eu quero isso ou preciso daquilo? Essas perguntas estão relacionadas a entender o que é prioridade de fato.

A partir do momento em que temos uma lista, um segundo passo que ajuda muito a praticar o estado de presença na hora da compra é a respiração consciente. Respirar é uma das coisas que faz o nosso cérebro ativar o lado racional e entender que está naquele exato momento, e não no futuro, nem no passado. Você não está comprando movido pela ansiedade ou pela necessidade de afogar as mágoas por algo ruim que aconteceu. Você está conectado ao momento presente.

Pode parecer simples, mas faça esse exercício na próxima vez que você for comprar alguma coisa: saia um pouquinho da loja e respire pelo menos dez vezes de maneira consciente. Pratique algum tipo de respiração que seja confortável para você; pode ser a respiração dois por dois, em que você respira por dois segundos e solta o ar por mais dois, ou a respiração em que você respira dois, segura dois, solta dois e espera mais dois. O importante é praticar algum tipo de respiração que a faça ativar a consciência.

Na hora em que seu cérebro sente que está no presente, ele entende que não está em uma situação de perigo ou emergência, que não está vivendo mais um drama do passado e nem a preocupação com o futuro. Ele está naquele momento e está tudo bem. Apenas respirar vai ajudá-la a evitar muitas compras por impulso.

Uma terceira dica é praticar a gratidão. Quando compramos, liberamos aqueles hormônios que nos enchem de prazer e, por mais que eles sejam momentâneos, nós nos viciamos naquela sensação boa de compra. Então, como liberar esses hormônios de outra forma? Praticando a gratidão.

Em vez de ir ao shopping ou de entrar em uma loja online cada vez que se sentir triste, deprimida, desanimada e com o impulso de comprar algo, experimente olhar para tudo que você já tem. Um exercício muito legal que eu passo para minhas clientes e funciona muito é listar tudo o que o dinheiro já lhe proporcionou na vida. Tudo, desde o seu travesseiro confortável, sua cama gostosa, seu cobertor quentinho, cada roupa que você tem... Faça uma lista de tudo o que o dinheiro já lhe proporcionou e você vai começar a sentir gratidão por tudo que ele já lhe deu e vai parar de buscar fora a sensação que, na verdade, você já tem, mas só precisa lembrar ao seu cérebro.

O quarto passo é entender o que faz bem a você. Muitas vezes comprar por impulso é um hábito ruim que adquirimos quando estávamos nos sentindo mal ou quando estávamos de

TPM, cansadas ou frustradas. Por isso, precisamos encontrar coisas boas para praticar nesses momentos. Entender o que nos faz bem. Se você trouxer para sua consciência outras coisas que pode fazer no lugar de comprar e também liberam esses hormônios da felicidade, você pode optar por elas em vez de ir às compras. Por exemplo, ler um livro, assistir a um filme, ouvir uma música, tomar um café com as amigas, conversar com alguém para dar risada, cuidar das plantas, fazer uma aula diferente, e assim por diante. É importante entender o que é bom para você e ter uma lista com essas coisas por perto para olhar para as anotações quando tiver vontade de comprar alguma coisa e ver se não é possível substituir o ato de comprar por alguma outra atividade.

Hoje em dia, com a facilidade do online, do celular na mão, adquirimos um hábito não saudável: quando estamos entediadas, chateadas, de TPM, frustradas com os filhos, por exemplo, é comum abrirmos um site, e aí fica muito fácil adquirir algo novo. O que você pode fazer no lugar disso? Tente fazer outra coisa que não seja tão automática, mas seja tão prazerosa quanto comprar.

O quinto item consiste em fazer com regularidade coisas que lhe façam bem a fim de não cair na sensação de que falta algo e na busca constante por uma realização externa que, na verdade, você não vai encontrar. Você pode encontrar temporariamente alegria e prazer imediatos, mas o que está buscando realmente é nutrir o que importa. Faça a lista e comece a praticar um pouco disso.

Por exemplo, para mim ler é muito importante e dançar é algo que eu adoro, então são duas coisas que devo incluir na minha rotina. Quando não faço isso, sinto um impulso de comprar coisas porque estou sentindo falta da sensação que o ler e o dançar me proporcionam, entende? É importante que você traga para sua rotina um pouquinho dessas atividades, pois quanto mais a sua vida estiver preenchida de coisas que lhe fazem bem, menos você vai sentir a necessidade de ir a uma loja e cair na besteira de fazer compras por impulso.

O último, mas não menos importante, sexto passo corresponde a manter o foco nos seus sonhos. Então, coloque na sua carteira e no seu cartão de crédito um post-it indicando um sonho que você tem: "eu quero ir para a Disney", por exemplo. A cada vez que você pegar o cartão para comprar alguma coisa, vai estar lá o papelzinho com aquele lembrete, então você vai se lembrar de que ir para a Disney é mais importante do que comprar aquilo. Assim, vai conseguir manter o foco nos seus sonhos.

Todos esses exercícios são importantes, e um não exclui o outro. Estamos falando aqui da desconstrução de um hábito ruim e da construção de um hábito bom; isso não acontece da noite para o dia, motivo pelo qual todos esses exercícios vão ajudar você a se manter na linha e a combater os possíveis comportamentos destrutivos na prática.

COMO USAR O CARTÃO DE CRÉDITO COM INTELIGÊNCIA

O cartão de crédito é um dos vilões na hora da compra por impulso porque ele nos dá uma falsa sensação de poder. Afinal, aquele pedacinho de plástico, que entendemos como dinheiro disponível a qualquer hora, tem o poder de simplesmente materializar as coisas. Como fazer para usar o cartão com inteligência?

Primeiro, você deve entender que cartão não é dinheiro extra. Você tem à disposição um limite que muitas vezes é maior do que o dinheiro que tem na conta. Essa é a grande armadilha. Você passa o cartão, ele aprova a compra, só que depois, na hora de pagar a fatura, você não tem dinheiro e aí cai naquela bola de neve do endividamento. Cada centavo gasto além do que você tinha entra no cheque especial, consome juros ou faz você não pagar a fatura, virando um buraco sem fim. Precisamos entender que cartão não é um dinheiro extra, mas simplesmente uma forma de pagamento.

Às vezes você quer passar o cartão porque quer acumular pontos e milhas ou parcelar valores que não têm desconto à vista e dão a possibilidade de pagar parcelado. Nesse caso, é necessário, então, pegar o dinheiro referente àquela parcela e colocar em um envelope que vai ser o envelope de pagar o cartão, ou separar, ainda, em uma conta, se você for um pouco mais organizado com isso.

A segunda questão a se ter em mente é o fato de o cartão não servir para tapar buracos, então, quanto mais você conseguir usá-lo com planejamento, com consciência e proatividade, menos ele será utilizado com essa outra finalidade. O cartão não serve para suprir aqueles gastos no fim do mês, quando já acabou o dinheiro, e sim para escolher o que vale a pena passar nele ao longo do mês. Eu gosto de sugerir o uso para bens duráveis porque é o tipo de coisa que você vai parcelar, mas vai durar bastante tempo, diferentemente de passar uma compra de mercado ou gasolina, que, antes de pagar a fatura, você já terá consumido tudo.

Quando você compra, por exemplo, um colchão ou uma roupa que vai durar muito tempo, é possível que você pague parcelado, mas aquele bem está lá e você saberá pelo que está pagando. Fica mais concreto para seu cérebro. Escolha o que comprar no seu cartão e não deixe para tapar buraco no fim do mês, pois isso não é uma atitude saudável, consciente e inteligente.

Nesse ponto, é importante levar em conta o seguinte: o que tem desconto para pagar à vista? Qualquer desconto vale a pena se você tiver o dinheiro disponível. O que não tem desconto e eu posso parcelar? Não estou dizendo para viver cheia de parcelas, mas é maravilhoso quando as controlamos e podemos deixar o dinheiro guardadinho rendendo.

Em relação a isso, é importante saber manter o controle das parcelas. A partir do momento em que você fez uma compra parcelada, você já precisa anotar tudo isso na sua planilha ou no seu controle, seja em um aplicativo, seja em um caderninho para não correr o risco de acumular parcelas demais e, no resultado do somatório do valor de cada compra pequenininha, dar uma quantia maior do que o dinheiro que você tem disponível.

Manter o controle das parcelas é fundamental. É como montar um quebra-cabeça: terminou uma parcela, dá para encaixar outra. Lógico que não é assim que a gente vive, mas vamos supor que estamos falando de coisas de necessidade. Por exemplo: preciso trocar os pneus do carro, então vou parcelar no cartão. Terminei os pneus do carro? Então eu vou mexer no armário da casa e consigo parcelar também. Montamos o quebra-cabeça de modo a não acumular parcelas além daquilo que podemos pagar.

Outra coisa importante é ter noção de qual cartão está realmente trazendo algum tipo de benefício. Tem muito cartão de crédito com anuidade caríssima, que não converte em benefício nenhum, não acumula muitos pontos nem muitas milhas, e aí você acaba se perdendo nas compras com um monte de cartão simplesmente porque lhe deram. Faça de uma forma que fique fácil para você, mas leve em consideração tudo isso e não fique pagando sem necessidade anuidade de cartões se, na verdade, você daria conta de viver com o limite de um cartão só e se organizar melhor dessa forma.

É importante lembrar também que, se você não tem maturidade para usar o crédito, não use. Se estiver em um momento de total desorganização e descontrole, deixe o cartão em casa até que tenha feito todos esses exercícios e esteja com um pouco mais de clareza das coisas. Se estiver com o cartão de crédito sempre disponível, mesmo depois de ler tudo isso que estou ensinando aqui, você ainda vai cair em tentação. Isso só vai mudar quando tudo isso estiver muito bem enraizado em você.

EM SUMA...

Quando começamos a consumir de maneira mais inteligente, mais consciente e mais responsável, começamos a celebrar os momentos de compras, e não mais comprar para afogar as mágoas. Conseguimos comprar com mais presença e escolher coisas que trazem mais alegria para nossa vida. Essa é uma mudança que você vai ver acontecer: comprar vai deixar de estar relacionado com a necessidade de afogar mágoas ou com uma impulsividade geralmente ligada a um sentimento negativo, seja de preocupação com o futuro, seja de mágoa do passado. Você vai começar a praticar o estado de presença e conseguir curtir muito mais esse momento de compra, quando ele acontecer. Mude pelo amor, e não pela dor, fechado?

Só conseguimos fazer mudanças realmente efetivas quando fazemos por amor. Então, se você estiver pensando "eu preciso sair desse problema porque sou muito irresponsável, sou muito isso ou aquilo" e ficar se rotulando e se cobrando, pode ser que a mudança não funcione. As mudanças são efetivas se forem por amor. Queira mudar porque você vai se sentir melhor com isso, porque vai trazer mais qualidade de vida para você e para sua família. Queira mudar para se sentir melhor consigo mesma, não porque você está se martirizando, se cobrando e se culpando por tudo.

Uma última coisinha a esse respeito: é importante sempre investigar os desequilíbrios. Quando compramos muito por impulso, não estamos falando de irresponsabilidade, mas de um desequilíbrio que precisa ser investigado e cuidado.

Se você tomar consciência de tudo que foi compartilhado aqui, fizer os exercícios e conseguir praticar pelo menos um pouquinho, eu garanto: você já vai sentir sua vida voltando ao eixo e se reequilibrando, e automaticamente essa vontade desesperada de gastar sem consciência nenhuma vai passar.

Praticando um consumo mais responsável, você vai fazer bem para o meio ambiente, para o planeta, para sua família, mas principalmente para você mesma. Isso é um carinho que você faz a si própria.

#PRAPENSAR

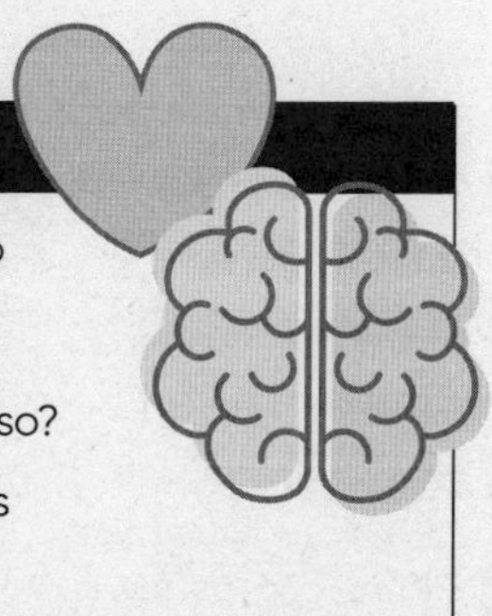

Você acredita que pratica o consumo emocional?

Você acha que suas últimas compras foram pela consciência ou pelo impulso?

Você consegue perceber quais são os sentimentos que mais a motivam a comprar?

PARTE 3

FUTURO (Planejando e Criando o futuro)

Seu protagonismo e seu poder pessoal foram trancados dentro de você.
A boa notícia é que você tem a chave para abrir essa porta.

Lúcia Stradiotti

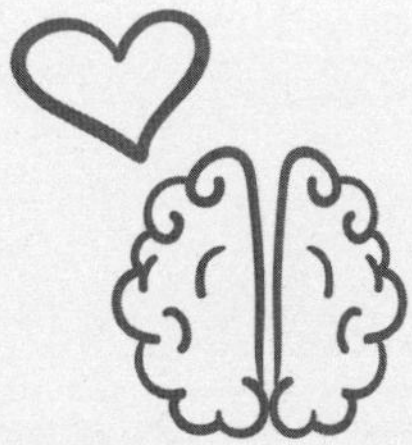

Metas para a vida:

- ~~Gastar menos~~ Consumir com consciência
- ~~Ficar longe de dívidas~~ Ter tranquilidade financeira
- ~~Guardar dinheiro~~ Prosperar
- ~~Acumular bens~~ Acumular experiências
- ~~Buscar reconhecimento~~ Buscar realização
- ~~Ter tudo o que eu quero~~ Ser tudo o que eu posso ser
- ~~Aumentar meu patrimônio~~ Valorizar o que realmente importa

CAPÍTULO 10

DEIXE FLUIR: DINHEIRO É ENERGIA!

Precisamos fazer mais do que simplesmente erradicar nossos pensamentos de pobreza. Precisamos nos permitir aceitar de forma proativa, chegando a ponto de incorporar as energias da abundância.

Marianne Williamson

Desde que comecei a incorporar o que aprendi sobre escassez e abundância em minha vida, vi grandes transformações acontecerem! Como saber se estamos vibrando em um ou em outro? O que é escassez? Como fazer para nos manter no fluxo da abundância e conectados a ele quando estamos o tempo todo sendo bombardeados por notícias que nos fazem sentir medo e preocupação? Vamos falar um pouco sobre isso.

A raiz da escassez é o medo. Você pode até pensar que não tem medo do dinheiro, mas o que gera escassez e determina o tempo todo os comportamentos que podem estar representando essa vibração em nós é a generalização desse sentimento. Esse sentimento, na verdade, tem três derivações:

1. Falta: medo de faltar, de acabar o dinheiro. Muita gente não consegue confiar que amanhã estará tudo bem e fica preso no "e se alguma coisa acontecer e o dinheiro acabar?". Esse medo é o mais fácil de identificar porque é bem concreto para a pessoa.

2. Julgamento: fazer ou deixar de fazer algo motivada pelo que o outro vai pensar: "o que meus pais vão pensar se eu tiver o carro do ano?", "o que meus amigos vão pensar se eu não tiver o carro do ano?", e assim por diante. Esse medo é um pouco mais difícil de perceber porque a pessoa precisa admitir que está preocupada com o julgamento dos outros, o que não é fácil, mas o inconsciente traz isso à tona em forma de limitação na vida dela.

3. Sucesso: medo de ser bem-sucedido. Racionalmente, achamos que não temos esse medo, afinal quem não deseja ser próspero? Entretanto, escavando o nosso inconsciente, muitas vezes temos medos que ficaram gravados como resultado direto do sucesso: as pessoas vão pedir ajuda; você vai ser responsável por alguém; é impossível ser bem-sucedida e ser boa mãe; não saber quem será ao alcançar o sucesso etc. Todos esses submedos podem estar agora imperando na sua forma de pensar, no que você acredita, faz e pensa sobre dinheiro, mas você não percebe.

Já que são inconscientes, como saber se esses medos existem e se estamos vibrando na escassez ou na abundância? Veja um paralelo entre um comportamento de escassez e um de abundância. Pode ser que você se identifique com os dois de determinadas maneiras e, dependendo da situação, ou mais com um, ou mais com o outro, mas é importante perceber que, se ainda tiver qualquer ligação com a escassez, é possível trabalhar isso para sair dessa vibração. Consciência é tudo!

É verdade que o dinheiro é energia e resultado daquilo que vibramos. Por isso, quando nossos pensamentos e nosso comportamento (reflexos de um nível mais profundo, ou seja, raiz de nossas crenças) estão vinculados à escassez, nossa vida financeira simplesmente não flui! Dê uma olhada com calma no quadro abaixo:

A PESSOA QUE VIBRA ESCASSEZ	A PESSOA QUE VIBRA ABUNDÂNCIA
Está sempre preocupada com a falta de dinheiro.	Entende que dinheiro entra e sai, sempre olhando para o fluxo.
Guarda dinheiro para fins negativos, como emergências e casos de um dia faltar.	Guarda dinheiro para ter possibilidades, para realizar sonhos, para acessar coisas positivas que podem acontecer, como uma viagem, e para ter tranquilidade na vida.
Quer cortar gastos.	Pratica o consumo responsável, consciente e inteligente.
Paga mais barato por menor qualidade.	Procura o melhor custo-benefício, ou seja, não apenas o bom preço, mas a qualidade, a procedência, a rede que está sendo favorecida com a compra, e assim por diante.
Tem inveja de pessoas bem-sucedidas e bem-resolvidas.	Inspira-se em pessoas que conquistaram certo patamar.

Se você se identificou com qualquer uma das atitudes listadas acima e sente que isso pode estar atrapalhando suas finanças, o simples reconhecimento já é o primeiro passo. O passo seguinte é justamente olhar para essas crenças e trabalhá-las em um nível mais profundo.

É importante também pensar que as atitudes extremas nunca são saudáveis e que, por isso, vale de imediato assumir uma mudança de atitude consciente, buscando um meio-termo. Sem mudanças repentinas e drásticas, tudo bem? Lembre-se: o reconhecimento de suas atitudes é o primeiro passo para uma vida financeira mais saudável.

Uma forma de ir assimilando a mudança de pensamento da escassez para a abundância é refletir sobre algumas questões, como o vocabulário que correntemente empregamos na nossa vida financeira. Por exemplo, por que usar o termo "reserva de emergência" quando é possível poupar com o intuito de ter tranquilidade na vida? A intenção por trás da nossa ação diz muito: em vez de ter a intenção de guardar dinheiro para uma emergência, considere guardá-lo para ter possibilidade e tranquilidade, mudando, assim, a expressão "reserva de emergência" para "reserva de possibilidades" ou "reserva de tranquilidade"!

Outro ponto importante de observar é o fato de que a pessoa que pratica o consumo responsável, por sua vez, faz compras de forma conectada, e às vezes paga mais caro por algo que, no contexto, favorece o comércio local, um produtor rural e/ou uma cadeia de pessoas que vão se beneficiar direta ou indiretamente daquilo. Assim, incute-se propósito àquele gasto.

Além disso, é revelador identificar o olhar que a conquista alheia ativa em você. Você sente que não tem capacidade de chegar àquele ponto, que você é pior ou não merece o sucesso? Ou você pensa "puxa, se essa pessoa conseguiu, eu também consigo", inspirando-se?

A postura da pessoa que vibra escassez é de vítima, que está sempre focando no problema: as coisas dão sempre errado e ela não sabe o que fazer, perguntando-se "por que a vida é assim?". A pessoa com a mente abundante, por outro lado, assume a postura proativa e foca sempre na solução e, mesmo que ainda não saiba qual é, faz algo para chegar a ela.

Pode ser que você consiga perceber nas pessoas um ou outro comportamento de escassez ou de abundância e não cabe a nós julgá-las, e sim fazer uma autoanálise para promover mudanças na nossa própria vida.

"Certo, Lúcia. Percebi que estou na escassez. Como faço, então, para mudar essa chave e me manter mais na abundância?". Alguns comportamentos que ajudam muito são:

Meditar, que consiste no estado real de presença, momento de silenciar a mente, respirar e se conectar consigo mesma.

Recitar mantras e fazer orações. Nesse sentido, indico o livro A lei da compensação divina, de Marianne Williamson;

Manter contato com a natureza, que é naturalmente abundante! Ao estar na natureza, nós nos conectamos com essa abundância divina, o que é nosso direito por sermos seres divinos;

Fazer algo que eleve sua energia, como dançar uma música de que gosta, cantar bem alto, estar mais com seus filhos, desconectando-se, assim, de problemas e conectando-se ao que faz você sorrir e lhe traz energia positiva!

Praticar a gratidão: quanto mais gratos formos, mais atraímos coisas boas para a nossa vida; e não, não é apenas uma frase motivacional: a gratidão eleva nossos níveis de bem-estar. Pode ser que, ao começar a praticar a gratidão, você não perceba mudanças em um primeiro momento, mas, conforme for aplicando no seu dia a dia, vai conseguir sentir o efeito na sua vida. Garanto que isso faz toda a diferença na forma como você vai se sentir e se comportar porque acaba transformando o que está no seu inconsciente.

SOBRE PROSPERIDADE...

Antes de falar sobre planejamento de futuro, precisamos aprender o conceito de prosperidade. Esse é um termo tão falado atualmente, mas poucas pessoas compreendem o que significa.

A maioria das pessoas entende prosperidade como o simples resultado financeiro, mas pelo contrário! A prosperidade independe do seu ganho, do seu gasto ou do seu saldo bancário hoje. Prosperidade é muito mais um estado de espírito e um nível de consciência do que qualquer número ou coisa prática e racional.

Prosperidade diz respeito ao seu nível de satisfação com o seu estado atual na vida. Quando falamos de uma vida próspera, estamos falando menos da quantidade de dinheiro que você tem e mais de como você se sente com a sua relação com o dinheiro. Isso porque, como já disse algumas vezes, a pessoa que tem dinheiro não necessariamente tem saúde ou bem-estar financeiro.

A maioria parte das pessoas que me procuram, inclusive, têm uma boa entrada de dinheiro, mas, por diferentes razões, distúrbios e traumas, não conseguem manter um bom relacionamento com ele, e a questão financeira acaba trazendo muito mais dor do que paz, tranquilidade e conforto.

Quando começamos a olhar para o dinheiro e para o que ele realmente é, chegamos ao conceito de prosperidade. Assim, reafirmo que prosperidade tem a ver com a maneira como nos sentimos com relação à nossa vida financeira. Ser próspera é encontrar o equilíbrio nas diversas áreas da nossa vida. De nada adianta ter muito dinheiro e estar com várias outras coisas descompensadas, até porque uma coisa reflete na outra, conforme já vimos.

Assim, a prosperidade é a harmonia que sentimos nas diversas áreas da nossa vida; trata-se de encontrar o verdadeiro equilíbrio entre o ter e o ser, entre o hoje e o futuro, entre o tempo e o dinheiro.

Como é possível viver bem hoje e ao mesmo tempo planejar um futuro próspero? O tempo é nossa moeda de vida, nosso bem mais precioso, e, ao ter uma mentalidade próspera, você encontra esse equilíbrio para fazer funcionar da melhor forma para si mesma. Esse equilíbrio é seu e vem de dentro, não de alguém que lhe diga qual é a medida ou a porcentagem.

Prosperidade é poder estar em paz com o passado, entendendo que tudo o que aconteceu precisava ser daquela forma para trazer você aqui. Ao honrar o passado, estamos fazendo as pazes com ele. Prosperidade é você estar tranquila com a sua situação presente, compreendendo que o que está ocorrendo agora não determina o seu valor, não é um peso ou uma culpa que você precisa carregar – pelo contrário, vem do seu passado, mas é possível mudar. A partir disso, você fica livre para planejar um futuro de realização e tranquilidade. Prosperidade, nesse sentido, é a sensação de calma e leveza que você sente quando está com tudo isso em harmonia.

O meu desejo é que você conclua a leitura deste livro se sentindo desta forma: com mais prosperidade e compreensão de que, se não estiver nesse ponto hoje, pode chegar lá.

Quando me perguntam se eu tenho prosperidade, eu digo que sim. Eu sou uma pessoa próspera porque consegui fazer as pazes com o meu passado, estar bem e de consciência tranquila no meu presente. Eu sou uma pessoa próspera porque sinto que sou muito mais consciente de todos os meus processos e de todas as minhas decisões e consigo vislumbrar um futuro tranquilo e, claro, próspero, de possibilidades e oportunidades, tranquilo.

A partir de agora, peço para você não vincular mais o conceito de prosperidade com milhões na conta nem pensar, de repente, que nunca vai ser próspera porque hoje não ganha o suficiente. Você já passou desse ponto porque chegou até aqui e já entendeu que prosperidade não tem a ver com números nem com o valor que ganha ou com os seus resultados, e sim com um estado de espírito. Assim, acredito muito que você pode finalizar este livro sentindo isso de forma integral.

O dinheiro é humano, energético, espiritual e emocional, muito além de qualquer lógica. O que realmente importa é o seu porquê. Com ele e com os seus próprios valores, você poderá planejar o futuro com base no que a motiva, e isso será seu combustível diário para ser consistente e manter essa energia.

Novamente, não se trata de dinheiro. Trata-se de vida!

#PRAPENSAR

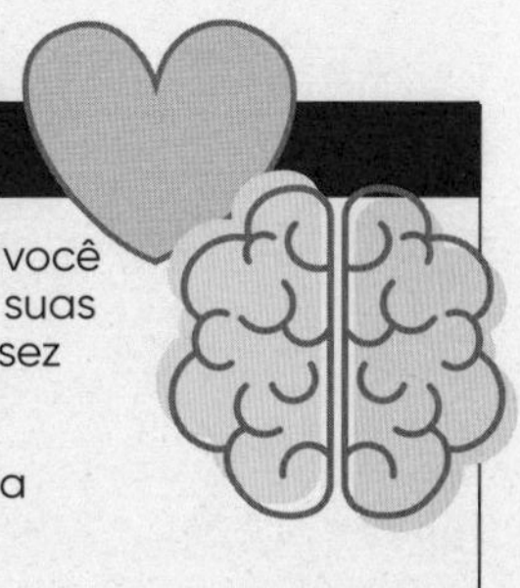

Considerando sua vida e tudo o que você acreditava sobre dinheiro até agora, suas ações eram mais pautadas na escassez ou na abundância?

O que você acredita que pode fazer a partir de agora para melhorar isso?

CAPÍTULO 11

REAPRENDENDO A SONHAR

Quem não vê grandes riquezas na imaginação jamais as verá no extrato bancário. [...] O sonho é a semente da realidade.

NAPOLEON HILL

Você sabe qual é a base de um planejamento efetivo, eficaz, duradouro que você consegue seguir com consistência? Acertou quem pensou no sonho.

Contratar um consultor financeiro que monta um planejamento, diz quanto a pessoa precisa investir, guardar e quanto pode gastar, na minha experiência, levanta uma bandeirinha vermelha: isso não vai funcionar, pelo menos não por muito tempo. Digo isso porque não tem como algo tão íntimo e tão pessoal ser determinado por alguém de fora. Como falar de futuro e sonho e seguir regras externas, desconsiderando tudo o que temos e somos?

O alicerce, a parte fundamental do nosso planejamento é o sonhar, e isso está sempre pautado em nossos valores. Vamos fazer dois exercícios juntas.

"Mas, Lúcia, sonhar é tão simples. Por que falar disso?". Porque não é tão simples, não, pelo menos não para todo mundo. Muitas pessoas, quando adultas, fazem esse exercício e descobrem que têm bloqueios gigantes com os sonhos. Isso vem, claro, de uma infância muito podada, de muitos sonhos que não se realizaram e, principalmente, de todos os sonhos que foram sonhados e tiveram um adulto que jogava sobre eles um balde de água fria. Você consegue se lembrar de alguma história assim da sua vida?

Lembro-me de minha irmã sonhar em ser paleontóloga, pilota de helicóptero e tantas outras coisas, e eu, a irmã mais velha, falar: "ai, para de ser boba, isso é superdifícil, não vai acontecer". Eu mesma sonhava em ser dançarina e dançar no palco de algum cantor famoso que viajaria o mundo, e sempre havia alguém que falava: "nossa, mas isso é tão difícil", "artista, no Brasil?", entre outros palpites.

Sonhar não é tão simples, mas é fundamental.

Você vai entender que, quando falo de fazer um planejamento efetivo e olhar para o futuro, você não precisa ter medo de não saber o que fazer daqui para a frente e, sem o apoio de um mentor, por exemplo, ter de fazer isso sozinha. Você vai conseguir! A partir do momento em que acessar seus sonhos, valores e porquês, você vai acessar também o planejamento que vem de dentro para fora e não vai perder a validade. Você vai entender que esse planejamento é, assim como a vida, um fluxo que você vai poder adaptar quantas vezes quiser, implementar na sua vida e, melhor ainda, seguir, porque vai fazer sentido para você!

#PRAPENSAR

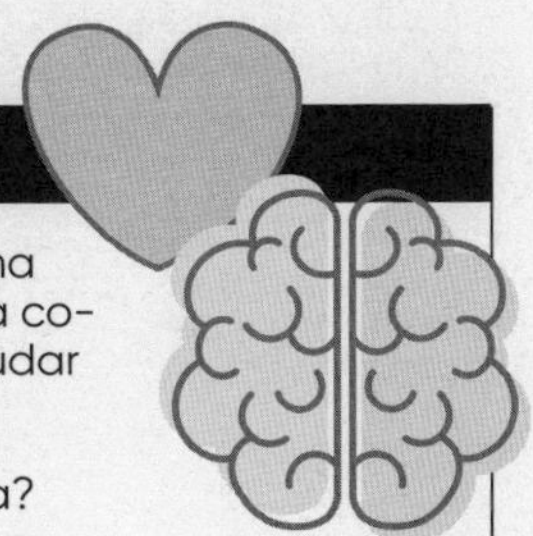

Você acabou de saber que ganhou na loteria. Toda a sua vida, como você a conhece, pelo menos, está prestes a mudar para sempre. Responda:

• Qual o valor do seu bilhete de loteria?

• Como você se sente tendo todo esse dinheiro?

• De que maneira sua qualidade de vida será afetada?

• Você tem medo do modo como você ou sua vida podem mudar com esse dinheiro?

• Como pretende usar esse valor?

• Que aspectos desse plano são essenciais para sua felicidade?

CAPÍTULO 12

DESEJO – META – PLANO

O sonho é o norte.
Nossos valores, o caminho por onde seguir.
O planejamento é o mapa, com roteiro e passo a passo.
O desejo de realizar aquele sonho é o combustível!
Lúcia Stradiotti

Vamos conversar agora sobre a diferença entre o sonho, o desejo, a meta e o plano para você entender como pegar o sonho, conectar-se com o desejo por trás dele, transformá-lo em uma meta – algo já mais concreto e mais específico – e montar o seu plano (de ação).

Quando temos um sonho, temos algo abstrato em mãos. Por exemplo: viajar com a família. A partir do sonho, cria-se o desejo de guardar dinheiro para fazer esse sonho acontecer, mas preciso de alguma coisa ainda mais concreta, palpável e específica para transformar isso em uma meta, algo mais fácil de visualizar. Falaremos mais sobre isso adiante, mas entenda que não se trata simplesmente de decidir guardar dinheiro, e sim de marcar pontos mais específicos: quando vou começar a guardar? Quanto? Até quando?

Vou dar um exemplo para ficar mais claro: eu decidi guardar R$ 2.400,00 até dezembro deste ano para viajar com a minha família. Fui específica e dei um prazo para tudo acontecer – dizem inclusive que a meta é um sonho com prazo para acontecer. É mais ou menos isso mesmo, só que é mais importante: ela torna concreto aquilo que está simplesmente no plano das ideias, trazendo o sonho para a vida real de forma prática para o que é preciso fazer.

A partir do momento em que olho para o meu sonho e o precifico como no exemplo, entendendo quanto preciso guardar para realizá-lo, consigo estipular quando isso vai acontecer. Existe uma diferença enorme entre jogar uma ideia sem prazo para o universo e colocar uma data de realização para transformar tudo isso em um plano de ação.

Tenho meu sonho, meu desejo e agora entendi qual é a meta. A partir dela, vou traçar meu plano de ação. Se eu sei que até dezembro deste ano quero ter R$ 2.400,00 guardados para viajar com a minha família, fica claro quanto vou guardar por mês, a partir de hoje, para conseguir chegar na data estipulada com esse montante e, de fato, fazer o que quero. Esse é o plano de ação: a micrometa dentro da macrometa, isto é, a meta mensal. É isso que vai me dizer se estou conseguindo caminhar ou não no que me propus, se preciso fazer algum ajuste e se estou chegando mais perto de realizar meu sonho.

E é o que tenho para hoje! Nunca faço um plano muito distante e começo, sim, a investir nesse meu sonho hoje a partir de um plano de ação que traga para hoje algo concreto, entende?

Vamos agora aprender como criar uma meta SMART, concreta, visual e fácil de acompanhar e entender se está no caminho ou não. Vamos lá?

TRANSFORMANDO SONHOS EM METAS

Para fazer algo do modo que desejamos, temos que adquirir a habilidade de pensar do modo que queremos.

Wallace Wattles

Continuando com o exemplo do sonho de viajar com a família, quando falei da meta, coloquei um prazo e um valor: R$ 2.400,00 até dezembro deste ano. O que fiz, então, foi transformar esse sonho, essa ideia abstrata e subjetiva, em uma meta SMART, uma sigla em inglês que quer dizer meta:

Specific – **Específica**
Mesurable – **Mensurável**
Attainable – **Atingível**
Relevant – **Relevante**
Time-based – **Temporal**

Específica

A meta precisa ser específica porque, do contrário, é jogada para o universo uma ideia muito abstrata e não sabemos exatamente o que se quer. No nosso exemplo, posso estar falando de viajar com a família em 2021 ou em algum dia da minha vida ao longo dos meus noventa anos; posso estar falando de viajar para a praia relativamente perto da minha casa, ir à Disney ou conhecer a Europa.

Quanto mais específica e mais cheia de detalhes for a minha meta, mais possível será de ela se concretizar, porque a minha mente vai buscar soluções e caminhos justamente para o que quero, então, quanto mais específico, mais fácil é entender qual o caminho que preciso trilhar.

Mensurável

Só tem como saber se você está no caminho certo se conseguir medir. Só consigo medir se estou no caminho de guardar os R$ 2.400,00 se eu souber que, para ter esse valor total, preciso guardar X reais por mês. Com esse valor mensal definido, vou me conectar com ele. Guardei mais do que isso? Que ótimo! Guardei menos? Hum... vamos rever o que precisa de ajuste. Assim, estou medindo a minha meta ao entender e validar se aquele esforço está me levando para o caminho ou se preciso mudar de estratégia ou até me esforçar mais.

Atingível

Não adianta você se colocar uma meta impossível de ser alcançada. Uma coisa é eu dizer que quero guardar R$ 2.400,00 até dezembro deste ano, caso em que preciso guardar cerca de X reais por mês até lá. Nessa hipótese, está tudo bem porque eu consigo fazer isso, cabe na minha atual realidade. Seria diferente se eu dissesse que quero comprar uma casa de um milhão e meio de reais até dezembro deste ano e quero pagar à vista. Ao olhar para a minha realidade hoje, não consigo guardar, digamos, cem mil reais por mês. Então, essa meta vai se concretizar da forma como foi projetada? Não, então ela não é uma meta atingível para mim, no meu momento atual.

É importante que a sua meta (que tem como base um sonho, lembra?) seja realista e atingível. Atente-se para o fato de que, talvez, você vai precisar se dar um prazo maior ou diminuir um pouco a meta, dar um passo por vez. Seja gentil consigo mesma. Vá em frente. Um pouquinho por vez. Se não for com calma, você pode se perder no caminho.

Um exemplo muito comum é uma pessoa que diz querer perder peso, emagrecer. O primeiro foco está em tudo o que ela tem para perder: dez quilos. Em vez de estabelecer até quando quer conseguir fazer isso, quando quer começar e quanto quer perder por mês, a pessoa se conecta apenas com "perder dez quilos" e às vezes quer isso em um mês – porque ela não especificou o tempo real na sua mente. É possível? Sim, mas talvez não com saúde e da melhor forma ou talvez perder dez quilos em um mês não seja viável para alguém com uma rotina de dupla e tripla jornada de trabalho que inclua os cuidados com as crianças além da dieta e dos exercícios. Percebe?

Assim, quando é inatingível, a meta frustra e se torna mais um balde de água fria de todos os que a vida já nos deu. Como você vai seguir no caminho dessa maneira? Por isso, é muito importante que as primeiras metas que você estabelecer para si sejam atingíveis você ter força de vontade para continuar no caminho e realizar seu sonho.

Você, que sempre ouviu que seus sonhos não eram possíveis, agora está mudando essa mentalidade dentro de você! É por essa razão que é tão importante fazer tudo de uma forma que, na sua mente, esse caminho seja verdadeiro e você possa dizer para si mesma: "olha só, eu consigo!". Isso só é possível com uma meta atingível!

Relevante

Se sua meta partiu de um sonho, ela é relevante para você. Se na virada do ano uma pessoa coloca a meta de perder cinco quilos e chega maio sem que ela tenha atingido o que se propôs a fazer, pode ser que ela comece a investigar, a olhar para esse desejo e a perceber que, na verdade, aquilo não tinha muita relevância para si mesma e era muito mais uma resposta movida à pressão social e ao contexto do verão no seu auge. Dá para perceber que a meta precisa partir do sonho, né?

Outro exemplo: certa vez, atendi um casal que estava muito frustrado porque, apensar de ganharem bem, não conseguiam guardar o dinheiro para comprar a casa que queriam comprar. Conversando com eles e passando por todos os processos ao longo da mentoria, entendemos que, na realidade, quem queria que eles tivessem uma casa própria eram os pais dos dois – não eles mesmo! Na verdade, eles queriam viajar com a família!

A partir do momento em que entenderam isso e se conectaram com esse desejo real de viajar, transformamos a meta que tinham. Analisamos o que estava dentro das possibilidades: por quantos meses eles precisavam guardar para fazer essa viagem para a Disney em família, dentro da capacidade e da realidade de quanto podiam economizar mensalmente para que a meta fosse atingível, e pronto: eles conseguiram começar a organização da reserva para a viagem.

Essa é a importância da relevância da meta. Não adianta você seguir o externo; é preciso que ela parta de dentro e seja algo com o qual você esteja verdadeiramente conectada.

Temporal

Você precisa estabelecer um prazo porque é só com ele que conseguirá mensurar a meta, entender se ela é atingível e, claro, colocar-se em movimento. A partir do momento em que você tem um prazo para sua meta acontecer, precisa começar hoje para chegar àquele resultado.

Esse é o formato de uma meta SMART, com todo o direcionamento para realizar seus sonhos!

PLANO DE AÇÃO

O planejamento financeiro é um guia para a construção dos seus sonhos.
LÚCIA STRADIOTTI

Você se lembra de que há o sonho, o desejo e, a partir deles, é possível transformar tudo isso em algo concreto, a meta? Então, agora vamos falar sobre como transformar a sua meta SMART em um plano de ação – afinal, você precisa de um passo a passo para chegar a esse objetivo traçado!

Vamos usar o exemplo da meta de viajar com a família em dezembro deste ano. Se, naquele mês, quero ter R$ 2.400,00 guardados para viajar com a minha família, quanto preciso guardar por mês até lá? Ou seja, você olha para o resultado final que deseja e vai trazendo até o dia de hoje para entender quanto precisa guardar.

E por que fazemos esse movimento do final? Vamos supor que você é assalariada, trabalha em uma empresa e recebe 13º salário, participação nos lucros (PLR) ou, ainda, bônus eventuais. Suponhamos, de outro modo, que você é autônoma, profissional liberal, e tem uma renda variável, com uma sazonalidade do seu negócio, com momentos em que você ganha mais. Ao pensar assim, você consegue ter uma dimensão do quanto vai dar conta de guardar. O valor X pode ser fixo por mês ou, se houver dois dezembros até o prazo que foi definido (dezembro deste ano) e você ganhar 13º, por exemplo, você já é capaz de saber que, durante dois finais de ano, conseguirá guardar um pouco mais e, nos outros meses, um pouco menos. É por isso que o ideal é fazer esse "retrocesso", esse caminho de volta até chegar à meta.

Para isso, seu plano de ação precisa estar escrito em um lugar visível que todos os dias lhe permita lembrar-se do que precisa fazer. Imagine, por exemplo, que, para atingir uma meta, você precise guardar R$ 400,00 por mês, mas, nesse momento, não está sobrando (dinheiro nunca sobra, a gente que precisa fazer sobrar!) esse montante por mês. Então, o que estará nesse plano de ação? Não será simplesmente guardar R$ 400,00 mensalmente, e sim rever o custo de vida, negociar o preço das assinaturas que você paga, reduzir os gastos supérfluos, dispensar a diarista eventualmente, e assim por diante.

Essas são algumas possibilidades para você entender que o plano de ação pode incluir ações pontuais ou recorrentes para que você chegue à sua meta. Nesse sentido, pode ser que, no primeiro mês, você faça as ações pontuais que foram citadas, e você vai colher os resultados delas nos meses seguintes. Por outro lado, pode ser também que você precise de ações recorrentes, como rever alguns custos mensais, para alcançar sua meta.

Enquanto a meta é o resultado que você quer alcançar, o plano de ação é o que você precisa fazer para realizar isso. Imagine que você quer comprar uma casa e, para isso, quer juntar o dinheiro da entrada, que é maior do que está acostumada a guardar. Isso vai levar um tempo, mas, quando escrever o seu plano, você vai entender que pode vender seu carro, desfazer-se do seu apartamento, fazer uma limpeza na sua casa e vender algumas coisas, vender coisas de bebê que não servem mais nos seus filhos ou eles não usam mais, e assim por diante. Todas essas são ações pontuais, mas vão ajudá-la a levantar um caixa e ter um impacto depois no seu mês a mês para chegar ao valor final de que você precisa.

Ao quebrar os passos em pedaços menores e possíveis, ficará mais fácil para sua mente assimilar o seu sonhos por parte em vez de pensar que "tem zero e precisa juntar R$ 2.400,00". É comum você se boicotar justamente nessa parte! Quebrar em subetapas, então, traz para o campo das possibilidades, do hoje, do concreto, permitindo que você risque da lista cada passo que der para chegar ao que deseja.

Outra ferramenta que funciona bastante é usar a pirâmide de tarefas. Nela, para cada passinho que der, você consegue entender o que precisa fazer, o que está dentro das atividades. A ideia dessa pirâmide é você esmiuçar cada vez mais o que precisa fazer, cada ação que precisa ser feita para que se chegue ao resultado.

Por exemplo, se você tem a meta de perder cinco quilos, o que precisa fazer? Ao colocar que quer perder meio quilo por mês nos próximos dez meses, quais ações são necessárias? É preciso mudar a alimentação, fazer exercícios físicos, tomar mais água...

Agora, mais para dentro da pirâmide, para mudar a alimentação, será necessário buscar um nutricionista, fazer listas de compras de acordo com o planejamento e descobrir uma feira orgânica no bairro.

Por fim, para fazer exercícios físicos, é preciso ligar na academia, ver os horários, decidir com que frequência serão seus treinos de musculação para que você possa intercalar com caminhada nos outros dias, e assim por diante. Para cada ação que você estipular como passo para alcançar sua meta, será necessário verificar as ações dentro dela e depois as que estão dentro daquelas, e por aí vai. Isso ajuda você a visualizar melhor o que precisa ser feito de forma visual e lhe permite acompanhar o rendimento do seu processo.

Aqui, é muito importante tomar cuidado aqui com os sabotadores "ah, é muito difícil" e "ah, eu não consigo", por exemplo. Às vezes, trata-se apenas de uma questão de olhar para isso por uma perspectiva diferente.

COMPROMISSO

Não economize o que sobra dos seus gastos,
gaste o que sobra da sua economia.
WARREN BUFFETT

Vamos falar sobre potes? "Oi? Que potes, Lu?". Pode parecer um nome estranho, mas serve para representar aqueles potinhos de dinheiro que tínhamos antigamente – talvez nossos pais e nossos avós.

O sistema de potes adaptado ao mundo moderno implica apenas que você tenha uma poupança, uma conta, um investimento destinado a cada uma das suas metas para não misturar os seus dinheiros.

Ao dar um nome para a nossa conta do banco e estipular o objetivo dela, estamos colocando a nossa intenção, cuja energia é muito poderosa. Fica muito mais fácil acompanhar o nosso próprio processo de evolução em cada meta.

Vamos supor que você tenha hoje uma conta poupança na qual guarda tudo: todas as suas reservas para a aposentadoria estão ali, mas também estão os valores que vai usar se quiser trocar o carro ou viajar. Nessa situação, fica difícil saber quanto você tem disponível, quanto realmente pode usar, uma vez que tirar o dinheiro para trocar o carro vai atrapalhar ou não as outras metas, afinal?

É interessante para o processo de seguir nessa meta de forma efetiva que você tenha contas separadas. Você pode abrir diversas poupanças no seu banco (já vou explicar por que estou falando dessa modalidade!) ou nos bancos digitais, por exemplo, em contas que não têm nenhum custo. Bancos separados ou não, é importante que você tenha algumas contas. Por exemplo: "viagem em família em 2021", "troca do carro", "entrada da casa", "tranquilidade", "aposentadoria", "faculdade dos filhos"... enfim, quantas quiser e de quantos sonhos tiver!

Se você olhar para aquele bolo de dinheiro, às vezes pode ter a impressão de que tem muito e acabar usando de qualquer forma sem entender muito bem, porque o cálculo mental é realmente muito difícil de fazer! A gente acha que está fazendo certo, aquele valor enche os olhos, mas, na hora das decisões, acabamos bem desfalcadas. Assim, é importante separar justamente por ser difícil manter um controle apenas olhando para um montante final. Além disso, é possível ter a sensação de que se está apenas colocando dinheiro na poupança, mas não consegue realizar nada.

Ao separar as contas, você consegue ver os seus sonhos tomando forma na prática! Você pode iniciar colocando os primeiros R$ 50,00 na conta de viagem com a família e isso já traz a sensação de que aquilo está sendo realizado, tornando-se uma possibilidade, deixando de ser apenas um sonho e já virando realidade. Esse sentimento de realização é um combustível, uma motivação para que você consiga se manter no caminho.

E por que falei da poupança? Fique à vontade para decidir aonde vai o seu dinheiro, qual é o melhor investimento para cada um dos seus objetivos – não importa o tipo de conta. Costumo dizer que, se você tem dinheiro na poupança, parabéns! Já está melhor do que 90% dos brasileiros! O importante é você estar muito conectada ao seu porquê e entender que está tomando suas decisões de guardar dinheiro para chegar às suas metas. Poupança foi, então, o formato que escolhi apenas para ilustrar onde guardar.

Ao separar esse dinheiro e acompanhar o crescimento dele, você valida o seu esforço e a sua mudança de hábito, e ainda continua motivada para realizar suas metas e seus sonhos!

COMO CONTORNAR OBSTÁCULOS

O que pode atrapalhar a concretização do seu planejamento? O que é preciso fazer para mantê-lo de forma leve e fluida e realmente viável para a realização de seus sonhos?

Dificuldade e rigidez

As primeiras coisas que podem fazer um planejamento não funcionar são a dificuldade e a rigidez. Não adianta você traçar metas que não sejam atingíveis, desconsiderando a sua própria realidade.

Por exemplo, se eu tenho um bebê pequeno e não posso contar com uma rede de apoio, com alguém que fique com meu filho nesse momento, não posso colocar uma meta que exija que eu saia de casa por, digamos, cinco horas. Então, essa dificuldade vai certamente me impedir de alcançar meu objetivo.

Não ter espaço para flexibilidade também é um problema. Quando você não é ao menos um pouco flexível, ou seja, não aceita que um planejamento pode dar certo de uma forma, sim, mas talvez de outra também, essa rigidez pode atrapalhar no caminhar para a realização do seu sonho.

Falta de sentido

Você se lembra de que falei que a meta SMART precisa ser relevante, ser importante na sua vida? Quando a meta não faz sentido para você (às vezes apenas para outras pessoas), você não consegue realizá-la! O planejamento da meta, então, precisa fazer sentido para si mesma, de forma que você olhe para ela e sinta animação e alegria por estar dando um passo em direção ao seu sonho.

Imprevistos

Na segunda parte, que trata do presente, nós falamos sobre fazer a projeção do mês, mas considerar que imprevistos acontecem. Por exemplo, um convite para ser madrinha de casamento implica também gastos com vestido, presente, entre outros.

É claro que não temos na nossa lista de gastos "ser madrinha de casamento", mas precisamos considerar que podem acontecer imprevistos como esse. Então, se você faz um planejamento em que a rigidez é tanta que não há espaço para surpresas, é bem possível que você receba um balde de água fria e se desmotive para continuar seguindo em direção à sua meta.

Desorganização

Estar organizada e manter as contas em dia, fazendo seus quadrantes e suas projeções, vão ajudar você! Uma das formas de seguir com seus planejamentos é justamente fazendo balanços e ajustes. Se você não for muito organizada, pode pedir ajuda a alguém ou mesmo agir com bastante comprometimento, se a meta for muito importante para você.

Sugiro que você se conecte com a questão da organização, não só das finanças, mas também da sua rotina, do seu tempo. Tudo isso interfere na realização dos seus sonhos!

Falta de foco

O que faz você cair nas tentações no meio do caminho? Porque, sim, vão aparecer tentações. Porque, sim, você vai se comprometer a diminuir os gastos supérfluos e vai aparecer aquela marca que você adora anunciando que está fazendo uma superliquidação. Como conseguir manter o foco no seu sonho e não se desviar por conta das tentações? Conectando-se com o sonho já realizado, realmente entendendo que ele é importante na sua vida e criando uma disciplina e uma rotina – assim você vai manter o foco. A seguir, vou dar algumas dicas que como manter essa disciplina.

Crenças

Se você sentir que ainda tem qualquer crença que neste momento pode estar atrapalhando a realização do seu sonho, volte para a primeira parte deste livro, reveja aquelas perguntas importantes sobre crenças e analise o que ainda precisa ser limpo, liberado e realmente transmutado em lição aí dentro de você.

ALÉM DISSO, O QUE PODE AJUDAR VOCÊ A MANTER O PLANEJAMENTO?

Benefícios

Não fique pensando agora em tudo o que precisa fazer para realizar o seu sonho. Pense apenas nele em si! Pense no que quer realizar e em como vai se sentir e conectar-se com esse sentimento (nos nossos exercícios, você vai poder fazer isso e visualizar sua vida acontecendo da maneira como projetou). Quando você foca no que você quer e no porquê de querer, e não no como, tudo flui muito melhor e fica mais leve para você. Lembre-se disso a cada passo que der e, se sentir desânimo ou se achar que falta muito, por exemplo, conecte-se com os benefícios, combinado?!

Passos possíveis

Nada de metas intangíveis e ações que não caibam na rotina. Nada de decidir algo que pode dar certo por três meses e depois desandar. Pense em passos possíveis e que caibam na sua realidade de hoje. A dica é fazer balanços e ajustes periódicos – mensais, trimestrais ou semestrais –, que vão ajudá-la a recalcular a rota, se preciso.

Um exemplo: se hoje eu tenho um neném e minha meta é para daqui a cinco anos, a rotina com meu filho hoje será diferente daqui a um ano. Então, fazer esses balanços para entender o que preciso mudar e reajustar para alcançar a minha meta vai me ajudar a seguir com consistência. Sem rigidez: você pode, sim, fazer ajustes sempre que necessário!

Recompensas

Lembre-se de que cada passo dado merece ser celebrado e recompensado! A recompensa não precisa ser material nem de valor monetário, mas precisa ter valor simbólico, algo que represente para você a celebração do esforço que foi despendido e fez sentido para você.

Mural de fotos

Fotos, desenhos, palavras, frases... qualquer coisa que a conecte ao resultado que está buscando está valendo! Ter esse mural por perto certamente vai motivar o porquê de você estar fazendo alguns sacrifícios e esforços naquele momento.

Afirmações positivas

Tenha sempre à mão mantras e afirmações positivas que façam sentido para você para repetir diariamente e se fortalecer. Pode até parecer bobagem em um primeiro momento, mas confie: no dia a dia, você vai sentindo cada vez mais essas afirmações se enraizando e tomando conta da sua vida de maneira superpositiva!

Consistência

Neste momento, você está trabalhando uma mudança de hábitos, quebrando hábitos de uma vida inteira. Para isso, a consistência é fundamental.

Quando você começa a fazer exercícios físicos depois de uma vida sedentária, não adianta você ir à academia uma vez na semana, passar duas semanas sem ir e depois aparecer de novo. Não. Você precisa de consistência, e isso exige esforço. É isso que vai manter você no foco para realizar eu sonho.

Assim, principalmente nesse comecinho, em que pode parecer difícil manter o esforço e a consistência, fique firme! Passados os primeiros dias e meses, um pouquinho mais complicados, você vai sentir que tudo está fluindo melhor. Então, mantenha a consistência e o foco no benefício daquilo que quer realizar!

Algo importantíssimo para você se lembrar: dinheiro não sobra, é você que se paga primeiro. Já fez a sua projeção e sabe quanto precisa guardar por mês para chegar à sua meta? É esse dinheiro que você vai guardar primeiro, antes de o mês todo passar. Assim que ele começar, a primeira coisa que você deve fazer é se pagar, ou seja, financiar o seu sonho. Com o restante, você vai viver ao longo do mês.

“Mas, Lúcia, e se o dinheiro não der?”. Vai dar! Vai dar porque você já fez a projeção, já estipulou esse valor que vai separar mensalmente de forma condizente com a sua realidade, com o seu custo de vida e com uma margem para imprevistos. Então, você não vai tirar da conta de água para pagar seu sonho. Você já terá se preparado e sabe quanto consegue guardar para financiar seu sonho, já sabe quais são seus gastos supérfluos que pode deixar de ter, e a ideia de se pagar primeiro é evitar cair nas tentações de ter esses mesmos gastos supérfluos.

#PRAPENSAR

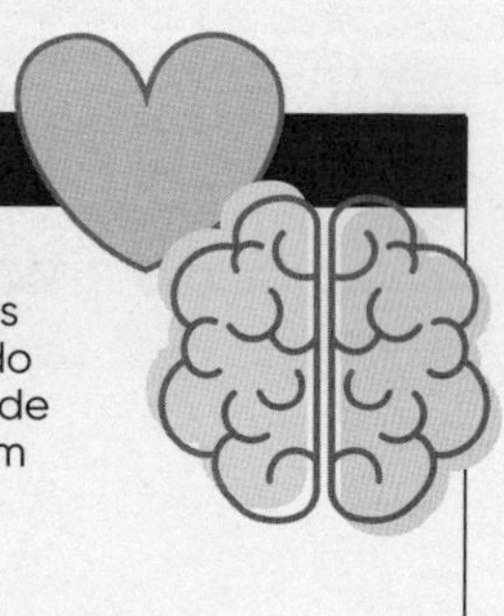

Coloque preço em três dos seus principais sonhos. Não se censure, apenas precifique, de forma neutra, lembrando que qualquer julgamento de valor pode ser indicativo de uma crença ou de um sabotador.

Transforme cada um dos seus sonhos numa meta SMART.

Quebre a meta SMART em pequenas metas mensais, de forma que cada uma delas seja também atingível e relevante.

CAPÍTULO 13

CELEBRAÇÃO E GRATIDÃO

Abençoe cada centavo que receber.
E todos esses centavos vão abençoá-lo.
Marianne Williamson

Pode ter certeza de que é a celebração que vai ajudar você a se manter no caminho da realização do seu sonho. Ela é essencial, e vou explicar por quê.

Muita gente que fala do passo a passo para você realizar seus sonhos se esquece desse componente fundamental.

Lembre-se de que você veio de um passado de hábitos não saudáveis com o dinheiro, e que as afirmações positivas e o poder da declaração servem para vivenciar esse processo de mudança de hábitos, para quebrar o ciclo de ter aprendido crenças limitantes e repeti-las. Da mesma forma se dá a celebração.

Fomos muito podados quando crianças, muitas das coisas que tentamos realizar não deram certo, muitas vezes tentamos guardar dinheiro, e não funcionou, tentamos arrumar as contas, e não conseguimos... Tudo isso tinha como pano de fundo essas questões e crenças, mas elas agora estão no caminho de serem cuidadas.

Agora, você precisa ajudar a sua mente a entender e acreditar que, sim, você pode realizar uma meta e um sonho; sim, você é capaz de fazer o esforço necessário para conseguir chegar aonde deseja.

Celebrar, então, é dar espaço para honrar os seus esforços e as escolhas que você precisou fazer, validando tudo o que viveu até aqui. É dizer a si mesma: "Olha que legal tudo isso que eu conquistei e consegui atingir. Continue, siga em frente, porque, se isso foi bom, vai ser ainda melhor o resultado no final". Para cada passo dado, celebrações devem ser feitas, e não apenas para o resultado.

Pensando naquela meta de viajar ao final de 2021, se eu entender que a viagem vai ser a minha recompensa ("depois de todo o meu esforço, poderei viajar"), pode ser que eu fique desmotivada. Por quê? Eu estou fazendo um esforço, estou me dedicando, mas não estou vendo muita resultado disso!

Ter as contas separadas no banco já ajuda nesse processo porque permite que você olhe para aquele valor crescendo e tenha uma sensação boa com aquilo. Ainda assim, se você não validar, se não reforçar positivamente esses esforços, pode ser, sim, que você desista no meio do caminho. Estamos falando de romper com uma vida inteira de padrões destrutivos, então é preciso muito estímulo positivo para conseguir manter-se na rota.

Celebrar é validar cada passo dado em direção à sua meta! Como? Lembra-se da meta macro, das metas micro e do passo a passo do seu planejamento? Para cada passo que você der e cada vez que conseguir continuar no caminho, você deve encontrar uma forma de celebrar. Dependendo da sua meta, tudo bem ser uma recompensa que gere gasto, mas a celebração, como já disse, não precisa envolver dinheiro.

Em uma meta de emagrecimento, por exemplo, você provavelmente vai fazer uma reeducação alimentar, uma dieta que exclui ou restringe alguns tipos de alimentos e aí, quando perder um quilo, é possível se dar o direito de tomar aquele sorvete de que gosta. Por que fazer isso? Você está recompensando seu esforço, dizendo para a sua mente: "siga em frente, que vale a pena". Não se trata apenas de ver os números na balança e dizer a si mesma "caramba, deu certo", mas também de obter uma recompensa.

Não adianta perder cem gramas e tomar o sorvete, certo? Da mesma forma, não adianta querer guardar R$ 2.400,00 para viajar e a sua recompensa por cada R$ 150,00 guardado ser um jantar de quase R$ 100,00. Tudo precisa ser compatível. De repente, faz sentido estipular uma tarde especial com seu filho, um momento especial para si mesma, um lazer diferente com a família, enfim, algo que simbolize as conquistas de cada passo até alcançar a sua meta.

Isso é especialmente importante se você tiver família e seu filho estiver na idade de entender que vocês estão guardando dinheiro para uma viagem de todos juntos. Por exemplo, eu tenho um filho que está com nove anos e o outro com quatro. Eu já consigo envolvê-los em alguns processos porque eles já entendem algumas coisas. Dizemos: "estamos economizando e, a partir de agora, vamos apagar todas as luzes quando não estivermos usando"; "em vez de tomar aquele sorvete, vamos colocar o que gastaríamos na conta para a nossa viagem, combinado?"; "se a gente conseguir, vamos fazer tal coisa em família". Esse envolvimento ajuda a manter as crianças motivadas e a tornar a caminhada leve e prazerosa, principalmente no início, quando quebrar velhos hábitos pode parecer que exige muito esforço.

A gratidão, por sua vez, é um exercício diário e fundamental, algo que vai sempre conectar você a algo maior do que o dinheiro, ao falar de prosperidade e abundância divina.

Quando estiver no processo de ressignificar a sua relação com o dinheiro, a prática da gratidão é essencial, pois eleva os níveis de bem-estar e ajuda você a se conectar com o que realmente importa, mostrando que você já tem muitos motivos pelos quais agradecer e realmente não precisa daquelas compras supérfluas ou por impulso que fazia antes.

A gratidão ajuda a enxergar que o dinheiro é algo positivo, que você pode, sim, se desvencilhar de todas aquelas ideias negativas que tinha com relação a ele. Porque o dinheiro é bom e você o está usando para o bem.

Por isso, faça todos os dias uma lista das coisas pelas quais você é grata, observe o que o dinheiro já lhe proporcionou e todas as coisas que você é e já viveu que não têm nada a ver com dinheiro. Seja grata por tudo o que tem, por tudo o que é, por tudo o que já fez. Isso é fundamental e vai ajudá-la nesse processo.

Você pode dizer que é grata. Sim! Estou apenas propondo o exercício da gratidão dessa forma e com base nas ferramentas como um elemento essencial para o processo de mudança de hábitos.

Pode ser que você tenha passado por tudo o que vimos até agora e esteja pensando: "nossa, mas, na minha situação, como vou realizar esse sonho?". E aí entra a fé. Entenda que é possível, que pode acontecer, que você é merecedora. Confie no fluxo do dinheiro, na abundância divina e exercite essa entrega, pedindo para enxergar o caminho.

Nesse processo, mantras e orações são fundamentais e vão ajudar você não somente a elevar os níveis de bem-estar e fazê-la sentir-se bem consigo mesma, o que é algo primordial nesse processo, mas também vai fortalecê-la nessa caminhada, para que você não a sinta como algo sofrido, e sim como uma mudança transformadora na sua vida.

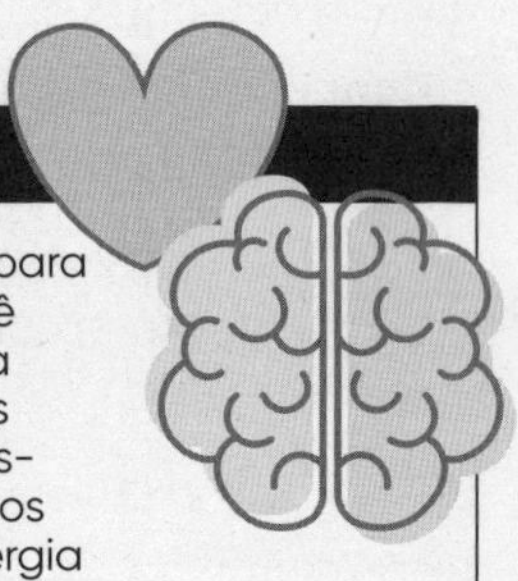

#PRAPENSAR

Separe alguns minutos todos os dias para identificar três coisas pelas quais você é grata e permita-se sentir verdadeira gratidão e apreciação. Coloque esses três itens numa lista e vá sempre acrescentando novos. De tempos em tempos e, principalmente quando sentir a energia em baixa, reveja-os. A cada tópico que ler, respire, mentalize aquilo ou aquela pessoa e sinta a gratidão preencher você.

Retorne às respostas dos primeiros capítulos. Releia suas memórias. Você consegue se sentir grata pelos acontecimentos do passado que a trouxeram até o momento presente?

Pense em sua vida financeira hoje. Não veja o que lhe falta. Escolha olhar para tudo o que você tem. Agradeça por cada centavo que possui. Agradeça por cada conta paga. Agradeça por tudo o que sua condição financeira permite que você tenha e faça.

PARTE 4

CONSIDERAÇÕES FINAIS

Você pode substituir:

- A planilha por um caderno e canetas coloridas.
- A palavra "controle" pela palavra "cuidado".
- A culpa pelo que já foi pela responsabilidade do que está por vir.
- A frustração de pagar as contas pela alegria que aqueles itens lhe proporcionaram.
- O medo de faltar pela esperança de que o melhor aconteça.

Você só não pode, em hipótese alguma, deixar tudo aquilo que lhe ensinaram (ou deixaram de ensinar) sobre dinheiro até hoje substituir seus momentos felizes e seu equilíbrio por angústia, medo e preocupação.

Afinal, o dinheiro é uma ótima ferramenta, é verdade, mas dinheiro nenhum no mundo vale mais que sua saúde emocional!

CAPÍTULO 14
DICAS PRÁTICAS

Essas dicas que vou compartilhar com vocês fazem muito sentido para mim e ajudam muito minhas alunas e clientes na organização financeira. Tudo isso me ajuda na minha caminhada também! Elas existem e foram organizadas aqui para simplificar o processo e torná-lo mais leve, e não para virar mais uma obrigação na sua rotina, está bem?

1. Não faça controle diário das finanças

Tentar fazer isso sobrecarrega a sua mente, que fica em estado de alerta o tempo todo, o que não é sustentável. Em vez disso, estabeleça um dia do mês para cuidar desse assunto.

Como lembrar o que foi gasto? Se gastar muito em dinheiro vivo, você pode ter um caderninho sempre na bolsa, anotar no celular ou mandar mensagem para si mesma com o que gastou e o valor. No dia de cuidar das finanças, você pega o extrato do banco, a fatura do cartão e essas anotações e coloca tudo na planilha, nos quadrantes ou no formato que você escolheu para se organizar.

Esse controle mensal vai ajudá-la a desocupar a mente ao proporcionar que você tenha uma visão do todo sem precisar se desagastar com anotações diárias, por exemplo.

2. Defina quem é responsável pelas finanças

Ao começar a cuidar do dinheiro, é muito comum todos se empolgarem e quererem fazer tudo – para, no fim das contas, ninguém cuidar de nada integralmente. Assim, é fundamental que alguém fique responsável pelo controle das finanças na sua casa, no seu núcleo familiar. Essa pessoa deverá prestar contas à outra. Agora, se no seu contexto de vida cada um tiver o próprio dinheiro, cada fica responsável pela própria parte financeira, e está tudo bem!

3. Faça uma projeção de valores

Por um tempo, você pode colocar todos os gastos na planilha, durante todos os meses, para ter um panorama geral das suas finanças. Em seguida, depois de certo período, quando o mês começa, você passa a já saber quanto vai gastar com certas categorias e a anotá-las antes de acontecerem. Isso é legal porque você pode tomar algumas decisões de guardar ou de usar determinado dinheiro com base na projeção do que você gastará no mês. Falaremos mais sobre isso adiante.

4. Periodicamente, analise os gastos dos meses anteriores

Veja se há algo diferente, se algo teve o valor alterado. Às vezes, você tem alguns planos no débito automático e nem percebe que o valor mudou a não ser que compare com seus controles anteriores. Assim, é importante fazer essa análise para não cair em nenhuma armadilha, para ter consciência da inflação e para ver se precisa fazer ajustes nos gastos, porque há momentos em que ficamos tranquilos, achando que estamos com tudo em ordem, e aí podemos acabar largando mão e nos enrolar novamente.

5. Não perca vencimentos de contas

Parece bobagem, mas muita gente se esquece de pagar os boletos e acaba pagando juros! Eles podem ser bem pequenos, mas, se você faz isso todos os meses e com todos as contas, está gastando bastante dinheiro à toa. Então, encontre um sistema para isso não acontecer: pôr um despertador no celular um dia antes de vencer e no dia do vencimento; colocar os boletos na mesma data, para poder pagar num dia só – na minha casa, por exemplo, o dia 5 de cada mês está destinado, na agenda, para pagamentos.

6. Aceite os gastos imprevistos

Tenha espaço na agenda para gastos eventuais que, sim, vão acontecer. Não são apenas gastos de emergência e de conotação negativa, mas, por exemplo, sua melhor amiga vai se casar e convidou você para ser madrinha, o que vai demandar dinheiro para vestido, maquiagem, presente, deslocamento etc. Os imprevistos são eventos que fazem parte da vida, e um orçamento muito apertado não os comportam. Algo que funciona para mim é calcular 5% do meu orçamento mensal e destinar uma conta separada para esses gastos imprevistos. Assim, não sou pega de surpresa quando alguém tem um bebê, quando há uma festinha na escola dos meus filhos, quando alguns amigos chamam para um happy hour, e assim por diante. Com essa reserva, você fica mais leve e flexível para fazer o que gosta!

Agora, é muito importante você tomar cuidado para não cair na armadilha destas falsas economias:

- Comprar sempre o mais barato (mesmo que de pior qualidade).

- Economizar dois reais (mas gastar uma hora do seu tempo e combustível).

- Comprar porque está na promoção (quando na verdade não precisaria daquilo).

- Não comprar algo que queira muito (porque não se sente merecedora).

- Cortar todos os gastos de lazer e autocuidado, inclusive aquele cafezinho (aumentando a frustração e, com isso, piorando a situação).

Ao invés disso, foque em:

- Buscar o melhor custo-benefício e fazer uma compra consciente.

- Valorizar o seu tempo e usá-lo com inteligência.

- Comprar com planejamento, focando no essencial para sua felicidade.

- Gastar com algo que queira. Se a compra for consciente, você pode (e merece!).

- Manter o autocuidado e o cafezinho (principalmente se ele a deixa feliz e for em boa companhia!), lembrando-se sempre de que cuidar de si mesma é prioridade.

E mais! Em vez dessas economias que não levam a nada, economize:

- tempo nas redes sociais, quando isso não acrescenta em nada para você.

- tempo pensando no que tem que fazer (em vez de fazer logo).

- tempo comparando-se com os outros e se sentindo inferior!

Mas nunca economize em:

- Abraços.

- Sorrisos.

- Palavras bonitas.

- Pensamentos positivos.

- Atitudes gentis (inclusive consigo mesma!).

Além disso, lembre-se de sempre evitar essas atitudes que afastam você de uma vida mais próspera:

- Acreditar nas "mentiras" que te contaram: que dinheiro é sujo, que é preciso trabalhar muito duro, que dinheiro não é coisa de mulher, e tantas outras.

- Não confiar no seu potencial: mudar comportamento é difícil, mas é possível. De verdade! Antes de mudar o comportamento, porém, você precisa mudar a forma como pensa a seu próprio respeito e acreditar na sua capacidade.

- Achar que é sua culpa e se rotular como consumista, irresponsável, gastona e desorganizada, quando o buraco na verdade é muuuuito mais embaixo!

- Não acreditar que é possível mudar e viver achando que viver no perrengue faz parte da vida mesmo e é o único jeito.

- Olhar muito para a vida dos outros ao seu redor – e não ter coragem de olhar para dentro de si mesma.

- Sacrificar a própria saúde emocional por dinheiro e trabalhar em algo que você detesta, ou trabalhar demais, ou brigar por causa das contas...

- Cair na armadilha da traição financeira e esconder do cônjuge os gastos, os ganhos e as dívidas.

- Acreditar no discurso patriarcal do papel da mulher e da mãe e abrir mão de você, do seu tempo, do seu cuidado.

Acredite: se você conseguir colocar essas dicas em prática, não é só o bolso que melhora. A sua vida como um todo agradece!

CAPÍTULO 15

ENTÃO, RESUMINDO...

Este livro nunca terminaria se eu tivesse a pretensão de falar aqui tudo o que tenho para falar. Mas a verdade é que, mesmo tentando ao máximo cobrir todos os pontos, o conteúdo continuaria incompleto.

A esta altura, acredito que você já tenha percebido que não existe uma solução única ou uma fórmula pronta que funcione para todo mundo e que cuidar da vida financeira é muito mais um processo contínuo do que uma tarefa pontual. Hoje dedico minha vida a falar sobre nossa relação com as finanças. Quando falamos de dinheiro, não estamos falando dele de fato. Estamos falando de vida, e eu repetirei isso quantas vezes forem necessárias.

Então, quero encerrar esta obra resumindo o que foi falado e aquilo em que eu acredito de fato quando o assunto é uma vida com mais equilíbrio.

A verdade é uma só: não há dica de especialista no mundo capaz de mudar sua vida se você não fizer sua parte. Todos os dias, recebo relatos de pessoas diferentes (com situações totalmente diferentes) contando como as coisas foram se encaixando e se desenrolando a partir dos primeiros movimentos delas. Sim, é isso que acontece. É esse tipo de "mágica" (que eu prefiro chamar de milagre) que eu tenho o privilégio de ver acontecer todos os dias, acompanhando de perto a jornada das mulheres que me procuram. Elas colocam a intenção e o Universo responde.

O que elas fazem é determinar que querem mudar a situação. Querem fazer diferente. E, para isso, muitas vezes precisam encarar a dor e curar as próprias feridas. Não é fácil. Não é da noite pro dia. Não é gostosinho. Dá trabalho! Dói! E eu aviso isso já na primeira conversa.

E é por isso que vejo as realizações se manifestando: porque a pessoa que sabe que não vai ser fácil e mesmo assim decide encarar está, no momento da decisão, colocando uma energia poderosa de intenção e compromisso. É o início da virada do jogo, e isso, por si só, já é um baita movimento.

Como eu digo, movimento gera movimento. Essa é a razão pela qual um pequeno movimento é capaz de provocar grandes mudanças.

Por isso, não espere pelo milagre. Faça o milagre acontecer! O Universo coloca, sim, o chão, mas primeiro você tem que dar o passo! Deixo, aqui, então, os meus desejos:

- Que você possa quebrar padrões e romper com as amarras do patriarcado. Que possa se organizar por dentro (ou pelo menos aprender a admirar seu caos interno) para colocar ordem no externo.

- Que você possa reconhecer suas emoções, seus gatilhos, seu desejos, suas paixões e suas compulsões, para tomar decisões mais conscientes.

- Que você possa perceber e entender o que está funcionando, o que pode ser mudado e o que é necessário deixar ir.

- Que você possa sonhar com um futuro mais leve, mais próspero, mais realizado, mais equilibrado, mais feliz!

- Que você possa planejar passos possíveis que a façam a cada dia um pouquinho mais próxima desse futuro.

- Que você possa valorizar cada passo, reconhecer e celebrar cada etapa dessa jornada linda e louca que é a vida, e não viver apenas esperando cruzar a linha de chegada.

É isso que eu desejo para cada uma das minhas alunas, mentoradas e mulheres que me procuram. É isso que eu desejo a você. É esse o caminho que eu percorri para chegar ao que hoje eu quero lhe ensinar!

Afinal, o caminho que nos leva a uma vida próspera não tem atalhos. Cada etapa deve ser vivida e acolhida. Não é um caminho só com vitórias, não mesmo. Mas essa é a vida, cheia de nuances, vales e montanhas. Com o ritmo certo, a gente consegue ter fôlego para olhar ao redor e enxergar a beleza da jornada. E hoje meu propósito é justamente espalhar a mensagem do que encontrei em cada vale, por trás de cada montanha.

Mais uma vez: hoje dedico minha vida a falar sobre nossa relação com as finanças porque, quando falamos de dinheiro, não estamos falando dele de fato, e sim da nossa própria vida!

E lembre-se: Você pode:

- Ser feliz, mas se sentir triste às vezes.
- Amar seus filhos, mas se cansar da maternidade.
- Ter uma alimentação saudável, mas comer doces.
- Viver o hoje, mas sonhar com o amanhã.
- Ser consciente, mas gastar com supérfluos de vez em quando.
- Ter uma rotina, mas curtir os imprevistos.
- Ser responsável e produtiva, mas saber descansar.
- Poupar para o futuro, mas gastar com pequenos prazeres no presente.

O segredo é você encontrar o seu próprio equilíbrio!

INSPIRAÇÕES

ARIELY, Dan; KREISLER, Jeff; KORYTOWSKI, Ivo. **A psicologia do dinheiro:** Descubra como as emoções influenciam nossas escolhas financeiras e aprenda a tomar decisões mais inteligentes. Rio de Janeiro: Sextante, 2019.

BONDER, Nilton. **A Cabala do Dinheiro.** Rio de Janeiro: Rocco, 2010.

BROWN, Brené. **A coragem de ser imperfeito**: Como aceitar a própria vulnerabilidade, vencer a vergonha e ousar ser quem você é. Rio de Janeiro: Sextante, 2016.

CERBASI, Gustavo. **Como organizar sua vida financeira.** Rio de Janeiro: Sextante, 2015.

DWECK, Carol S. **Mindset**: A nova psicologia do sucesso. São Paulo: Objetiva, 2017.

FERREIRA, Vera Rita de Mello. **Psicologia Econômica.** Rio de Janeiro: Campus, 2008.

GOLEMAN, Daniel. **Inteligência emocional.** São Paulo: Objetiva, 1997.

HILL, Napoleon. **Quem pensa enriquece.** Porto Alegre: Citadel Editora, 2018.

KAHNEMAN, Daniel. **Rápido e devagar**: Duas formas de pensar. São Paulo: Objetiva, 2012.

KLONTZ, Brad; KLONTZ, Ted. **A mente acima do dinheiro**: o impacto das emoções em sua vida financeira. 2. ed. São Paulo: Figurati, 2017.

PRICE, Deborah. **Terapia da Riqueza**. Rio de Janeiro: Best Seller, 2008.

THALER, Richard. **Misbehaving**: A construção da economia comportamental. Rio de Janeiro: Intrínseca, 2019.

WILLIAMSON, Marianne. **A Lei da Compensação Divina**. Rio de Janeiro: Agir, 2013.